Los ABC del Autismo

Humberto Guerrero

A Chabe

Prologo (el maestro)

Acabo de leer el ingenioso libro de Humberto Guerrero. Este es un libro de recreo adornado elegantemente en la redacción por la erudición y estilo literario del autor. El mismo relata como a través del tiempo el autor ha moldeado su manera de pensar sobre el autismo mientras aprendía lecciones de aquellos individuos que llegaban a su práctica al igual que de mentores de diferentes profesiones.

La Argentina dio cuna a este autor peregrino cuyo ingenio se encuentra actualmente localizado en México. De país en país el autismo, los padres, y los problemas asociados a este tema son los mismos. Estos problemas requieren un entendimiento de aquellos compartimientos problemáticos que demandan la ayuda del terapeuta. A su vez el terapeuta tiene que ver los mismos desde el punto de vista del individuo autista. En esta instancia la mejor manera de proveer ayuda es la del tener una clara percepción de la situación o problema y así mismo llegar a comprender su naturaleza interna. En este sentido la familia al igual que el terapeuta son parte de la misma comunidad educativa que acoge al individuo autista mientras que lo estimulan y lo respetan.

No hay duda de que hoy en día vivimos en una situación de incertidumbre sobre el autismo. Los capítulos de este libro carecen de notas al calce y se apartan de las lecciones ofrecidas en algunos libros de matiz médica. Muchas veces estas técnicas confunden al lector y brindan más preguntas que respuestas. Lo que este libro ofrece es una lección moralista y quizás filosófica en cada capítulo que varía con la percepción de cada lector.

Las divagaciones del libro recorren lecciones aprendidas de diferentes aspectos incluyendo la biblia, cursos de antropología y libros de psicoanálisis. Cada capítulo relata una lección en la vida del autor que ha sido destilada para beneficio de aquellos que estén dispuestos a aprender de las mismas. Espero que las mismas tengan una buena acogida y que el lector pueda disfrutar de ellas.

Dr. Manuel Casanova

Nota: El Dr. Manuel Casanova realizo estudios de Neurología en el Hospital Universitario de Puerto Rico. Hizo una especialidad en Neuropatología en el Hospital de Johns Hopkins, y Psiquiatría en el Instituto Nacional de Salud Mental. Entre otros honores el Dr. Casanova ha sido ponente de una presentación magisterial en el Congreso Mundial de Autismo y ha recibido una beca de distinción por el Instituto de Salud Mental por su investigación sobre el autismo. El Dr. Casanova trabaja en la junta editorial de 15 publicaciones y tiene sobre 200 publicaciones y 4 libros editados.

https://autismodiario.org/author/manuel-casanova/

Prologo (la colega)

Generalmente los libros sobre autismo están escritos de manera esquemática y cientificista, excepto algunos casos que se basan en la propia experiencia, como el caso de Hilde Clerq con su hijo, no por ello menos científico, o de la visión filosófica de Theo Peeters.

En el libro de Humberto que nos presenta, aparecen relatos sustentados en la investigación, experiencias concretas del autor con su práctica en el autismo.

Los relatos te remiten a lugares, personas y actividades de manera amena, pero que además al unir un relato con el otro, y en su conjunto explican sustentadamente una hipótesis que el autor sugiere sobre la etiología de los TEA, nos deja ver también la "condición", lo que viven y padecen las personas por falta de comprensión, conocimiento o aceptación de lo diferente.

El libro nos abre puertas a pensar en muchos sentidos; desde la desintegración sensorial que presentan estas personas, su manera particular de construir su psique, su manera de ser y las complicaciones u obstáculos que tienen que enfrentar para poder ser comprendidos.

Gracias a esta lectura recapacito, y me doy cuenta que tengo que soltar permanentemente una actitud a veces rígida, en la que te atrapa la práctica cotidiana del trabajo en la intervención con el autismo, que se vuelve tan absorbente, recordar qué antes que nada estamos frente a sujetos que perciben, sienten y estructuran este mundo de manera muy diferente y de que es nuestra obligación aprender sus códigos para poder estar a su lado.

Gracias Humberto por esta lectura.

Mtra. Leticia Colina

Nota: Leticia Colina Escalante

Especialista en los Trastornos del Espectro Autista (TEA), madre de un joven de 29 años con Autismo de alto funcionamiento y ganadora de premios en proyectos y programas dirigidos a niños y jóvenes.

Índice

No les diré, ni me pregunten ¿Qué
tiene...?
Descubramos ¿Quién es?...

Margaritas de la palabra

Margaritas de la ciencia

Recogí las margaritas,

como el perro recoge las migas

que caen de la mesa,

aún sin saber cuál fue el
banquete servido

en los pequeños sabores
descubro los manjares que
fueron...

La belleza del mundo asimétrico, las
inutilidades necesarias para vivir, y la
mentira en pequeñas dosis... todo eso
amo.

Introducción

Quise en esta ocasión compilar la experiencia de diferentes casos clínicos y sumar reflexiones personales respecto de la educación y la inclusión, como conceptos tan frecuentemente usados por los discursos políticos correctos en Latinoamérica y que mucho distan en la práctica de velar por al menos una de las premisas, promesas, prometidas. Sumé también la estructura y conceptos de mi trabajo y cómo he ido construyendo un concepto de la condición autista que no pretende ser "innovador", como si realmente existieran cosas nuevas, sólo pretendí mostrar la condición desde un ángulo diferente para la mejor comprensión, de lo que sigo considerando una condición-no enfermedad. Explorar someramente la posibilidad social de la condición, propiciada por una Cultura del Autismo, un "snobbismo Aspie" que tanto parece ser más una expresión de desórdenes en el comportamiento social, que una condición de vida.

Por lo general no apegado a recetas ni definiciones magistrales, el lector descubre, elabora e infiere a través de cuentos e historias, tratándose de una condición promuevo a que las personas aprendan de otro diferente, lo descubran y se dejen cautivar por esta particular persona que llamamos autista.

Mantengo la idea de concebir a la condición como una particular representación del mundo circundante de la persona con autismo, esta particularidad que le permite establecer desde el momento mismo del nacimiento, una imposibilidad convencional. Tanto de las formas afectivas, como efectivas. Este modo particular de representación de las formas sociales, pragmáticas e intersubjetivas de la comunicación.

No se trata de una guía para padres, ni de "tips" para docentes o terapeutas, se trata de contar el autismo desde la A a la Z, intercalando experiencias, casos clínicos y reflexiones, todas y cada una de las letras no guardan entre sí una relación directa pueden leerse por separado y se conocerá una parte de la condición puede leerse en un continuo, y de igual manera se conocerá una parte de la condición. La otra parte la pondrá usted con su experiencia el todo nunca será explicado, es imposible tratándose de una condición humana, es pretender acabadamente explicar la bondad, el amor, la ira, la injusticia, el origen y de qué va el autismo.

He citado en la medida en que me inspira o llama al pensamiento reflexivo, autores que me han acompañado y otros que voy descubriendo personas que me guían y de quienes aprendo.

El autismo, y yo.

Cuando me eligió el autismo... es la pregunta y la motivación, como dice el profesor Theo Peteers : "... No tiene sentido "forzar" a alguien a que trabaje con niños con autismo. Conocemos ejemplos de directores de escuela que escogen a los profesores al azar. Esto no funciona. Los profesionales han de escoger el autismo por sí mismos. No hacen una elección "a pesar del autismo", sino "a causa del autismo", (tomado del decálogo del profesional)".

Debería ir a mi niñez, cuando tenía un amigo Guillermo C. a la vuelta de casa, con cinco o seis años ambos, no advertí nunca que tuviera una "discapacidad", para mí, era simplemente mi amigo, supongo que no hablaba ,no lo recuerdo, pero de algo estoy seguro: entre nosotros nunca hubo problemas de comunicación. ¿Habrá sido éste el comienzo?, no lo sé, Guillermo y yo, crecimos y ya no jugábamos juntos, y supongo que mis intereses y amigos fueron cambiando... seguí saludando y compartiendo muchos cumpleaños con Guillermo, hasta que un día ya no lo vi más...

Cuando tuve unos diecisiete años, comencé a asistir al Instituto Hellen Keller (Institución de educativa de personas no videntes) de la Ciudad de

Córdoba, allí como voluntario (en esa época funcionaba también un hogar donde los niños permanecían en la institución de lunes a viernes), así que la actividad de los voluntarios estaba orientada a ocupar horas de juego y pasatiempo con los pequeños...

En ese momento (1988) , la institución agrupaba los niños, según sus capacidades y autovalimiento, en: no videntes con y sin resto visual, y multimpedidos, este segundo grupo se conformaba por el colectivo de niños que además de ser no videntes, tenían algún otro trastorno asociado, de manera inespecífica y sin un criterio evidente al menos para los voluntarios, constituían la mitad de la población del Instituto (aclaro que este grupo tenía asistencia y supervisión de una fundación Hilton Perkins que funcionaba dentro del Instituto Hellen Keller y que desarrollaron modelos teóricos de abordaje y trabajos de investigación, que fueron trabajos de vanguardia en Latino América).

Este colectivo en particular, era el que me eligió, estos niños llamaban particularmente mi atención porque veía como "alternativamente" usaban recursos para comunicarse aun cuando, muchos no solo no veían sino además no escuchaban, y/o tenían limitaciones motrices...

Ya antes de comenzar mis estudios universitarios sabía que, quería trabajar con personas con "discapacidad", y lo que entendía en ese momento como "multimpedimento" y que la "llave" era la comunicación...

Dentro de esta hermosa Institución conocí a mi primer Maestro, bien lo escribo con mayúscula, porque de alguna manera fue mi hacedor, Miguel Ángel Ciapponi, profesor de educación física y psicomotricista, trabajaba dentro de la Institución y me enseñó, entre otras cosas, la premisa fundamental para el trabajo con personas con discapacidad: "... no sabemos si hacemos las cosas bien o mal, sabemos que cuando comenzamos con estos chicos , traen una mirada mórbida, triste, hoy tienen una mirada diferente, viva, alegre, tan mal no debemos haber hecho las cosas..."

Por ese entonces, también, conocía al Dr. Rodolfo Castillo Morales (vecino, era cliente del negocio de la familia), a tiempo de terminar la educación media y sabiendo que Castillo Morales trabajaba con "discapacidad" (no hace falta presentar tamaña figura), me acerqué a su consultorio para que me aconsejara qué estudiar en relación a mi motivación... Kinesiología, me dijo, luego puedes especializarte en neuro kinesiología, no hizo falta más investigación al respecto, inmediatamente me inscribí en la carrera.

Mientras cursaba la carrera seguía vinculado al Instituto Hellen Keller y la relación con Miguel Ángel Ciapponi, se fue estrechando, Miguel Ángel, me invitó a participar de otro espacio de trabajo con personas con "discapacidad" (en su mayoría con problemas motrices) el centro de

Actividades Deportivas Gimnasio Municipal Manuel Belgrano que funcionaba en el playón deportivo y pista de atletismo del antiguo edificio del IPEF (Instituto Profesorado de Educación Física) enclavado en la entrada del Parque Sarmiento de la Ciudad de Córdoba, hago mención a este espacio, porque me sirvió para realizar la especialidad como neuro-kinesiólogo con la supervisión de la Universidad Nacional de Córdoba, a través de la escuela de Ciencias Médicas la Licenciatura en Kinesiología y Fisioterapia.

De esta experiencia, nace la motivación concreta de asumir como interés de investigación: la comunicación como fenómeno, la conducta en relación a la comunicación, y como van suponiendo... ¿Qué es esto, que llamamos autismo?, (1994). Mi primer soporte teórico fue un libro que me acompañó hasta hace unos días cuando lo regalé a alguien que quiero mucho, esperanzado en que surta el mismo efecto que en mí. Un buen libro es a menudo, un buen disparador.

Teoría de la comunicación humana. Paul Watzlawick, quedé totalmente atrapado por lo que representa el primero de los cinco tópicos que Watzlawick, enuncia: "Es imposible no comunicarse: Todo comportamiento es una forma de comunicación. Como no existe forma contraria al comportamiento («no comportamiento» o «anti comportamiento»), tampoco existe «no comunicación»." Por lo tanto el que consideráramos en el autismo un déficit en la comunicación, debería tener más que ver con nosotros que con las personas con autismo.

Miguel Ángel había constituido un grupo importante (creo que sin querer), de alumnos pasantes de diferentes carreras un buen número de concurrentes para actividades físicas, como habíamos logrado que nos cedieran el natatorio de la Escuela Manuel Belgrano, la actividad era en el medio acuático, y nos constituimos en un número aproximado de 30 "terapeutas" y 30 "concurrentes"(ya que la condición de trabajo dentro del agua era uno a uno), como el número era significativo y las posibilidades del medio acuático daban para realizar un buen desarrollo de actividades neuro cognitivas y pedagógicas, comenzamos dirigidos y motivados por Miguel Ángel Ciapponi, a realizar "registros", de lo que observábamos, con la intención de promover diferentes pautas para trabajos de investigación posterior y definir una metodología para el trabajo de personas con personas con discapacidad en el medio acuático.

Con apoyo relativo de la Universidad Nacional de Córdoba a través de la Licenciatura de Kinesiología y Fisioterapia, con apoyo parcial de IPEF (Instituto Profesorado de Educación Física) y con apoyo nulo del Instituto Domingo Cabred, como del Ministerio de Educación de La Provincia de Córdoba, el proyecto sobrevivió por un puñado de voluntades particulares, cuatro años. El primer espacio verdaderamente interdisciplinario donde convergíamos estudiantes de kinesiología, fonoaudiología, profesores de educación física y educación especial, profesores de hipoacúsicos, psicomotricidad, físicos, profesorado de no videntes, medicina. Se disolvió, no voy a realizar juicio de valor respecto de las políticas de Gobierno, solo que esta fue la primera de muchas experiencias futuras donde queda claro, que no hay un interés real en sostener actividades, educativas, de investigación, recreación etc., aun cuando no se trate solo de cuestiones presupuestarias, sino de mediocridad institucional, la "discapacidad" sigue siendo el último orejón del tarro, en las prioridades políticas de la mayoría de los Gobiernos Latino Americanos.

Más adelante haré referencia puntual a uno de los "registros", que hiciera en este ámbito y cómo determina el enfoque del modelo teórico que formulo para la comprensión del autismo.

Como mencioné antes, mi primer encuentro fue con la comunicación como fenómeno y después entender que lo que estaba estudiando era en realidad la fenomenología más significativa de la condición autista, fenómeno por aquello que aparece, y lo que primero se advierte en una persona con autismo es que en apariencia no "habla" o no "escucha".

A

A (1994), recuerdo la pequeña niña con traje de baño oscuro y pelo revuelto sujetado con dos coletas, desgarbada y sacudiéndose toda como una marioneta, llegaba tomada de la mano de la madre hasta el borde de la piscina donde se presentó conmigo...

A tenía 7 años y era no vidente desde el nacimiento, había sido diagnosticada con autismo desde hacía varios años y la mayor parte de su vida había vivido en Alemania, no verbalizaba y su mamá manifestó que en la casa el lenguaje materno era por lo corriente el español, aunque había estado institucionalizada en una "escuela especial" alemana en doble turno y en apariencia "respondía" indistintamente a ambos idiomas.

¿Por qué el medio acuático? Era la pregunta que me daba vueltas por la cabeza, la madre aún no había llegado a ese punto.

En esa época estaba en un grupo, entre el estudio, la investigación y la clínica, abordábamos pacientes con secuela neurológica en el medio acuático, bajo la dirección y supervisión de un gran maestro, el Prof. Miguel Angel Ciaponi; como ya era de mi interés el trabajo con personas de condición autista no fue difícil saber por qué me habían asignado a A sin consultarme.

En el discurso de mamá, pude notar la desconfianza lógica que tenía respecto del grupo, el contexto (trabajábamos 40 terapeutas con 40 pacientes en relación uno a uno todos al mismo tiempo, en una piscina de 25 x 12 metros. sin ninguna adaptación) suponía algo bien diferente a su experiencia alemana, donde por sus comentarios la "escuela especial" entre diferentes actividades educativo terapéuticas, disponía de un natatorio y horas bien programadas por la semana.

Un docente cada 5 o 6 niños, se encargaba de "enseñar" natación, como actividad física. La mamá me contó que A como "logro" era independiente en el agua, no debía preocuparme por su seguridad y que lo que no había podido lograr era un "estilo" de nado.

De modo, que supuse su interés era que le enseñáramos a nadar con estilo, digamos crol o pecho, o mariposa…

Personalmente el único estilo que nado y tras mucho esfuerzo es crol, de todas modos tomé el caso, porque sabía que mis objetivos con A iban a ser otros, tenía que acordar con la madre los términos en los que íbamos a trabajar y si bien fue una negociación dura (como lo son todas, cuando trabajamos por un lado con las posibilidades, los objetivos terapéuticos y las demandas parenterales), llegamos a un acuerdo satisfactorio.

Tome a A de la mano y antes que pudiera decir algo como "…vamos al agua…", ya había saltado al interior, creo haber saltado al mismo tiempo y recuerdo como en una escena de cámara lenta el rostro de madre sonriendo llena de confianza; confianza en A y riéndose de mí, claro.

A dentro del natatorio, lo primero que hizo fue sumergirse y tocar (con las manos) el fondo, así había calculado la profundidad, por cierto habíamos saltado sobre la mitad de la piscina, la profundidad de 1.80 metros la supera ampliamente, al salir a la superficie dio un grito y entendí que podía tratarse de un recurso para calcular las dimensiones del recinto, en ningún momento buscó sujetarse de mi o buscarme, era realmente independiente, creí me estaba ignorando, comenzó a nadar por debajo de la superficie con la agilidad y la hidrodinamia de un pequeño delfín, como si ese fuera su medio natural, tomaba de vez en cuando bocanadas de aire, y sus períodos de apnea eran bastantes prolongados.

Es difícil describir qué hacía realmente, ciertamente no nadaba con estilo, o si con su estilo, de hecho me costaba bastante seguirla, no quería alejarme de A y mantenía una distancia de metro y medio, fue muy desgastante y demandó un enorme esfuerzo físico (en ese momento mi condición física era bastante buena, aun así recuerdo haber quedado exhausto).

Terminamos, lo que pareció casi una hora de entrenamiento de alto rendimiento en el agua, sin saber bien como plantear la actividad ni que comenzar a hacer.

Teníamos un propósito en el grupo, poder definir un método único para desarrollar programas terapéuticos para personas con secuela neurológica utilizando el medio acuático, fijamos una estrategia que resultó exitosa, combinaríamos los componentes básicos de la natación; entrada y salida, respiración, flotación, propulsión y desplazamiento, con objetivos terapéuticos y era bastante claro el planteo cuando teníamos pacientes con parálisis, espasticidad muscular y dificultades motrices varias, pero en este caso A, representaba un desafió particular, ya tenía incorporado los 5 componentes de la natación de modo natural y más...

Se me ocurrió plantear entonces algo sencillo y en la medida de las posibilidades de A, utilizaría el primero de los componentes, entrada y salida del natatorio, A debería entrar y salir de modo establecido y por la esquina donde se encontraba una escalerilla al interior del agua.

Lo sencillo se vuelve titánico, tenía un propósito y un objetivo, se convirtió en el único objetivo de tratamiento por los siguientes dos años.

El comienzo:

A, solo aceptaba el contacto físico cuando estábamos fuera del agua y solo porque al ser invidente, necesitaba un "lazarillo" para desplazarse, sus movimientos siempre fueron seguros, independientes y resueltos, en el agua prescindía de cualquier contacto, persona u objeto, toda su conducta motriz era enérgica, no paraba, siempre mantuvo el mismo patrón al ingresar, buscar el fondo, tocarlo, salir y dar un grito, era todo cuanto necesitaba para entrar en "su" medio natural...

Si ingresaba o no al natatorio con ella daba igual, no parecía registrarme, no teníamos una rutina ni nada parecido, sabía que necesitaba un primer contacto un registro, que supiera que estaba allí (eso creía, luego me di cuenta que siempre supo que yo estaba allí).

La comunicación oral, era un problema circunstancial, la mayoría del tiempo estábamos en el interior de la piscina y hablar y escuchar en el agua es bien dificultoso, así que opté por tener los sucesivos encuentros en silencio, comprometí a la mamá en tareas que ambos reproducíamos sistemáticamente y establecimos una rutina, ésta constaba de dos momentos, una previa al ingreso donde A desarrollaba un montón de actividades de la vida diaria, debía desvestirse, ubicar su closet, guardar el vestuario, colocarse el traje de baño, el calzado de goma, esperar, sujetarse a la mano de su madre y a una señal (consistía en un llamado desde la piscina) empezaba el trayecto de los vestidores hasta el borde de la piscina, solo cuando escuchaba la orden empezamos, la madre le soltaba la mano... demoramos un buen tiempo en que utilizara la escalerilla, A seguía optando por saltar al interior.

La rutina no tuvo como objeto establecer un modo conductual , simplemente fueron estrategias para establecer un espacio previsible para A, no tardó tiempo (dos o tres encuentros) en establecer perfecta ubicación espacial de los aditamentos y reparos arquitectónicos, tanto del vestuario como del recinto del natatorio, puesto que cada vez se hacía más independiente, seguro y resuelto su desplazamiento por las instalaciones, a lo que hubo de establecer sumo cuidado con los elementos que quedaban regados por el piso para que A no tropezase, conclusión a la que llegamos luego de dos o tres caídas sin consecuencia.

Por lo demás las actividades parecían sucederse sin más hasta que un día sucedió algo inesperado que cambiaría la dinámica de trabajo con A.

La magia:

Habían pasado dos meses desde que A, se apegaba bien a la estructura propuesta salvo por el uso de la escalerilla para ingresar, lo que no representaba ninguna preocupación, ni ocupación terapéutica. Tenía la curiosidad resuelta en averiguar como hacía A para mantenerse por períodos tan largos sin aparente fatiga en el agua, flotando, desplazándose y nadando, como dije con su estilo y preferentemente de modo subacuático.

Utilicé un par de antiparras con el fin de seguir los movimientos de A por debajo del agua y observar como realizaba los batidos de manos y las patadas, para mantenerse a flote y desplazarse. En un momento sin que pudiera hacerlo consciente, A se percató de mi intensión (nunca supe cómo) se aproximó a mi venciendo esa distancia de metro y medio que había sostenido hasta aquel momento y me tocó debajo del agua el rostro, como lo hacen las personas invidentes para reconocer y memorizar facciones y rasgos particulares, esa imagen mental a partir del uso del tacto, esa experiencia que los videntes podemos imaginar o suponer pero que para nosotros sin duda tiene una significación y representación diferente.

No recuerdo como reaccioné, pero sí que sentí y fue desorientación, no estaba listo aún para un encuentro con A, y quien se atrevió a romper el hielo fue esa pequeña niña que en apariencia no se daba por aludida de mi presencia.

Respondí instintivamente con una caricia, y no la rechazó, de hecho permanecía cerca de mí, me tomaba por los hombros o de un brazo, siempre que estuviera totalmente sumergido, cuando salía a la superficie para tomar aire, me empujaba la cabeza dentro del agua. Si no "me dejaba", simplemente se alejaba y seguía su rutina.

En lo sucesivo una gran parte del tiempo que estábamos en el agua la dedicábamos a este momento de encuentro, sumergidos jugábamos y nos permitíamos el contacto físico.

El experimento:

Este nuevo hecho, me llevó a pensar que debía ponerme en su misma situación y hacer la experiencia de encontrarnos de otro modo. Ya habíamos avanzado bastante en el modo de ingreso a la alberca, que había dejado de a poco ser un hecho impersonal (sin uso de escalerillas), cuando A saltaba al interior de la piscina, la esperaba dentro y la llamaba por su nombre, automáticamente se dirigía al sector donde me encontraba.

Cuidar que A se ahogara accidentalmente, hubiera sido energía y tiempo innecesario, no obstante jamás descuidé la posibilidad, un día le pedí a uno de mis compañeros que estuviera al pendiente y nos observara, coloqué algodón dentro de mis antiparras de tal modo que al colocármelas con los ojos cerrados quedaba totalmente ciego como A, me dirigí al centro de la piscina y espere que A estuviera al borde de la piscina para llamarla por el nombre.

Sentí cómo se introdujo de un salto con el chapuzón, mi registro de su ingreso al agua había sido totalmente diferente, era como si hubiere ingresado A por primera vez. Tenía un poco de ansiedad esperé a que estuviera cerca y me sumergí, a lo que A respondió de manera habitual, me tocó, me sujetó por los hombros desde atrás, como solía hacerlo, y por primera vez, me dejé guiar por A, estoy seguro que la niña era plenamente consciente de mi estado y me "condujo" por su medio sin que me sucediera nada, nunca golpeé con el borde, me mantuvo en una profundidad segura para mi estatura, y nunca me soltó…

Este "experimento" (experiencia), lo repetí unas tres veces más con A, con idéntico resultado.

Conclusión:

Como casi todas las experiencias, no pretendí que tuviera un "resultado" en términos de logros terapéuticos, ni le otorgué más significado que hermosos encuentros con una hermosa personita. La magia de encontrarse es un momento, un estado, un instante que difícilmente tenga alguna explicación, técnica o lógica.

Por otro lado, la mamá de A ajena a esta experiencia, estaba feliz por los avances de A, se cambiaba la ropa y se desplazaba con independencia, claro nunca aprendió a usar la escalerilla... por otro lado, ¿a quién le importa?, ¿quién dice que debe usarse y cómo?

¿Por qué plantear objetivos terapéuticos en torno a lo utilitario, la función, lo que la convención espera, lo que la sociedad piensa que debe ser y cómo debe ser utilizado?

A, me enseñó algo fundamental en mi desempeño como terapeuta, me enseñó a plantear los objetivos terapéuticos basado en lo realmente importante, en el encuentro con el otro, en la magia en ese instante...

B

Si adoptas un niño de condición autista...tienes la posibilidad de devolución.

Me solicitaron viera este video y no dejo de asombrarme...

https://www.youtube.com/watch?v=GabpwzekPsY&feature=share

"A Federica le propusieron devolver a su hijo "

Me tome a la tarea de realizar una transcripción textual de lo que un grupo de comunicadores manifiesta al aire en un programa de televisión por canal abierto en horario de público en general:

"... sugirieron incluso, que regresara al niño; al hijo...

- pero... ¿Por qué le sugirieron eso?

- por una enfermedad que tiene, y los doctores por más que hacían no daban..."

"como si fuera un mueble...

-exacto

-como si fuera un par de zapatos que no te quedaron..."

"... te voy a decir algo, depende de qué tipo de enfermedad que pueda tener el niño, si puede ser un riesgo para la familia, si es una enfermedad psiquiátrica, que puede resultar una tragedia, pues a veces sí tendrías que hacer el sacrificio de regresarlo..."

Creo que ya somos víctimas de una tragedia, el desconocimiento y la ligereza para emitir opiniones al público masivo. La ignorancia y la poca información, no son escusas, los responsables deben y están obligados a retractarse y entregar información veraz.

Cierto es que la clínica médica tipifica a la Condición Autista como un

Trastorno General del Desarrollo, una condición desde el nacimiento que acompaña al sujeto toda su vida, cierto es que la biomedicina trata y busca el origen de este trastorno sin poder encontrar una única causa ya que pareciera obedecer a cuestiones multifactoriales.

Pero analicemos dos aspectos que NO pueden dejarse pasar por alto.

Muchos investigadores y terapeutas que estamos más o menos involucrados en el tema, al considerar al Autismo una condición propia e inherente al sujeto no lo consideramos una enfermedad, por lo que no creemos requiera una cura; lo contrario podría suponer el clásico pensamiento biomédico occidental, pero para este caso en particular como para el Síndrome de Down (no se trata de un TGD) la biomedicina lo considera también una condición que discapacita, NO una enfermedad y si creemos en común acuerdo que necesita de una terapia (que significa acompañamiento y cuidado), creemos que se educa y que se pueden mejorar las condiciones de relación (principalmente las relacionadas a la comunicación) de la persona de condición autista.

A saber cada profesional especialista se aproximará terapéuticamente desde la propia epistemología, pudiendo o no coincidir, los paidos psiquiatras y neurólogos infantiles, usaran o no medicación y los terapeutas psicólogos, del lenguaje, físicos, etc., no, recurriendo a los métodos psicodinámicos o psicopedagógicos conocidos.

Mi pregunta es ¿por qué la necesidad de patologizar una condición? Peor aún ¿por qué en torno a lo que se desconoce, se utilizan conceptos como ENFERMEDAD, RIESGO, TRAGEDIA?, el morbo condición penosa de algunas personas, sabemos que "vende", una noticia que en lugar de informar pretender generar un estado de "psicosis colectiva" en las personas que no conviven con la condición y una angustia severa en las que sí.

Se habla del niño como si hubiera una especie de rebrote epidémico de ÉBOLA, (repito, enfermedad riesgo, tragedia)

Luego se desnaturaliza la persona del niño, se vulneran sus derechos y lo peor se habla de que "se puede regresar" como si fuera una mercancía defectuosa, suponiendo que este sujeto NO COMPRENDE, porque se asume de la condición, con total ignorancia e irresponsabilidad, que el niño NO está, NO entiende...una personita que fue adoptado escucha en los medios que a su madre "... le sugirieron devolverlo".

Por caso como dice de su boca la madre "me sugirieron devolverlo"... ¿quién se lo sugirió? O ¿que quisieron decir con esto?, cuando menos el Ministerio Público debería de oficio, iniciar una investigación al respecto; ¿o es que miembros del gobierno que tramitan adopciones (supongo que la madre siguió los canales formales) ofrecen la posibilidad de DEVOLUCION por fallas.

Es grave y lamentable, que a tres días del Día Internacional de la Concientización sobre el Autismo, un programa de alcance masivo (alcance que deberían tener estas campañas de Concientización) con total ligereza, irresponsabilidad, morbo, descontextualización, y mala fe destruyan en tres minutos y medio lo que padres construyen día a día; rogando un espacio de escucha para que la gente sepa, los comunicadores sepan; no he visto a un solo organismo de gobierno interceder (si con dinero) para que se abra un espacio de información en los medios; por el contrario si veo año tras año , cada 2 de Abril como se empujan y se abren camino buscando ser el centro de las fotos por un trabajo al cual no contribuyeron... pero eso es políticamente correcto.

AUTISMO POLÍTICAMENTE INCORRECTO

Recibí ayer una invitación a un foro de opinión por la instrumentación de la ley de Autismo en la CDMX; hace muchos años que mi propósito es trabajar en la comprensión de la condición autista y por un momento traté de ser empático con la condición política, para comprenderla y comprender a los políticos.

Theo Peteers, dice que no todos, aunque se formen y estudien mucho el autismo logran comprender la condición; pero algunos sí logran entender parte de la condición y abren una puerta para que alguien más se asome y comprenda.

La condición política, representa en muchos casos la antítesis del modo autista, me pregunto, ¿cómo es que la clase política puede entonces crear condiciones adecuadas para este otro grupo?

El político necesita ser creíble, el autista nunca miente.

El político habla sin decir nada, el autista no habla para decir mucho.

El político sale en todas las fotos, el autista evita mirar la cámara.

El político es políticamente correcto, el autista es políticamente incorrecto.

El político crea expectativas y promete, el autista no anticipa resuelve el ahora.

El político necesita incluirse en la sociedad, el autista es el excluido de esa sociedad.

El político vive sin necesidades, el autista vive esas necesidades.

El político tiene una identidad partidaria, el autista tiene una etiqueta diagnóstica.

El político tiene un compromiso social, el autista una sociedad comprometida.

El político quiere velar por los derechos humanos, el autista es un humano con derechos velados.

¿Tan mal esta la sociedad, que necesita una ley?... tan mal están los organismos de gobierno que no pueden garantizar los derechos de todas las personas incluidas la de condición autista?... tan perdidos estamos en la burocracia que no podemos hacernos escuchar?

¿Por qué la política cede la potestad y la toma de decisiones a la hegemonía médica o a técnicos de dudosa afiliación? Si esto no constituye en sí, un tema de salud- enfermedad; es un problema de personas que no pueden acceder a los sistemas políticamente correctos, como son la educación, el empleo, la salud, el transporte, la recreación...etc.

Comencemos por concebir una sociedad políticamente incorrecta, como son las personas con autismo, para que tengan y puedan acceder a los derechos que les están siendo negados.

¿Quiere algún político asumir la decisión políticamente incorrecta de generar o legislar para personas de condición autista? ; la respuesta es NO, no está en su naturaleza política en su condición complaciente, y por sobre todo va en contra de su propio interés... ostentar respecto de cualquier otra persona, de cualquier condición una situación de PODER.

C

DE LA CURIOSIDAD AL MIEDO

Reflexión de la curiosidad al miedo.

Este modelo epistemológico que propone la Dra. Josefina Ramírez, "De la curiosidad al miedo" 2007, donde nos acercamos al concepto cuerpo como una unidad "trinitaria" , donde ES en sus dimensiones Individual, Social y Política, y como las circunstancias descriptas en la experiencia con las Niñas de Chalco, nos hablan de un cuerpo en apariencia Domesticado (dócil, disciplinado y obediente) a los ojos de un ORDEN que se impone, como un "padre" totalitario y protector, esto deviene en respuestas emocionales (síntomas luego descritos) , donde el cuerpo es silenciado en lo individual, castrado en lo social y domesticado utilitariamente en lo político.

No pude escapar de pensar en la triada propuesta por Lorna Wing en 1985, para describir las tres dimensiones de dificultad que tienen las personas que presentan autismo, por cierto mi área de trabajo. La triada propone evaluar al sujeto de condición autista en tres dimensiones, la interacción social, la comunicación-imaginación y los patrones repetitivos de comportamiento; los déficit pueden leerse con la consiguiente correspondencia: 1) cuerpo individual - imaginación comunicación, 2) cuerpo social – interacción social, 3) cuerpo político – patrones repetitivos de comportamiento.

Cuerpos autistas cuerpos resistidos, resignifican según se los "ordena" el entorno y re signan sus propias experiencias las que los conectan (articulan-sentimientos) al entorno, social y lo politizan en acciones de inter relación, perdiendo su cuerpo individual de este modo. Tomé este caso clínico de un niño, para identificar el modelo epistemológico propuesto ya que se ofrece como una herramienta útil de análisis del "comportamiento" del cuerpo y su entorno en la dinámica, pensar-sentir-decir-hacer, que representa al CUERPO VIVO, cuerpo en su SER – ESTAR (self).

(Leer Letra D)

Las decisiones, los padres, las intervenciones, los modelos multidisciplinarios, las "jerarquías profesionales".

1-Cuerpo individual - imaginación comunicación

El discurso vacío de D, aunque lleno de complejas taxonomías técnicas no decían más que un silencio, como el silencio de las grandes manifestaciones de fe, donde aturden los monótonos cánticos de anónimos feligreses y rezos. Los intereses restringidos la incapacidad de anticipar y hacer flexibles las posibilidades de cambio, un cuerpo que establece sus propios patrones perceptuales, más allá de la visión, la propio cinesia para establecer dimensiones y conocer ámbitos, mejor de lo que la imagen puede proponer como "verdadero".

Con los pies en la tierra, el niño que conoce, abre su particular ventanilla al mundo, por que pisa, con ese pie "adaptado" (para la bio medicina,"enfermo", pie equino).

2-Cuerpo social – interacción social.

El pie que resiste el modo social de la marcha, a los ojos de los demás este pie esta malo, la marcha equina (patológica en puntillas), NO debe ser. El Sujeto tampoco.

Este cuerpo desarticulado, que parece no sentir y que se expresa de modo tan particular, no escuchado en su particularidad, silenciado y a punto de ser amputado, por lo que representa la marcha atípica en su entorno familiar... esa marcha se "nota" es decir inevitablemente la gente voltea a ver la "discapacidad" lo "anormal". ¿Somos en cuyo caso presos de los convencionalismos y en tal sentido son estos y el apego a estos modos "normales de la mayoría", los que hacen manifiesto tales o cuales síntomas?, que desde luego vamos a dar nombre, para este caso: pie equino, marcha hemiparética. Como si solo se tratase de un pie malo sin un sujeto, sujeto a él.

3-Cuerpo político – patrones repetitivos de comportamiento.

El cuerpo, que hace cosas que NO corresponden, la polis determina el límite de lo normal, también tiene la potestad profesional y logos inequívoco del discurso hegemónico de la bio medicina; el sacerdote mediador entre esta absoluta verdad, (médico) no puede más que convencerse de su pericia. Consensuada y arbitrariamente donada por la polis-iglesia del conocimiento occidental.

Una verdadera herejía suponer otro discurso posible, y además condenable, no solo obligado a redimir mi opinión obedeciendo la prescripción (receta médica), como ordenadas son las cuentas de un rosario, cumplir una a una; para procurar la salvación- cura del "torcido", "anormal" que nos recuerda la miseria humana.

¿Y si en cambio, pensamos en el hombre y su belleza cuerpo, como ser diverso y único con una particular anarquía no convencional para "entendernos" con este mundo y universo?. Entonces deberá el hombre políticamente correcto, silenciar al sujeto, piadosamente rotular y etiquetar, en un acto de compasión de significativa humildad.

Este cuerpo políticamente incorrecto es subversivo y denunciante, va en contra del "sistema". La terapia como fuerza coercitiva y corregidora, la institución (escuela) como ámbito que preserva el orden y el acto quirúrgico, para corregir el desvío de la naturaleza, (ortopedia)

Nota: Tratando de entender la condición autista desde la antropología, comencé a participar de las clases del Doctorado en Antropología Física, bajo la corriente

"Cuerpo y Poder" a Cargo de la Dra. Josefina Ramírez Velázquez en la Escula Nacional de Historia y Antropología de México. Solo diré de la persona de Josefina, que uno tropieza pocas veces con grandes maestros apenas si los cuento con los dedos de una mano. Generosos, humildes y de rigor académico, apegados a la búsqueda permanente y a la apertura.

Josefina Ramírez Velázquez Doctora en Antropología con especialización en Antropología Médica, por el Centro de Investigaciones y Estudios Superiores en Antropología Social (CIESAS). Miembro del SNI de CONACYT nivel II. Es Profesora–Investigadora del posgrado de Antropología Física de la ENAH. Ha investigado temas y problemas que relacionan el cuerpo humano con el trabajo industrial, la salud, enfermedad y su atención. Ha llevado a cabo estudios empíricos con grupos de mineros, petroleros, obreras y trabajadoras de servicios, adolescentes en encierro. Tales estudios que han enfocado la relación cuerpo-trabajo la han llevado a la inminente necesidad de explicar la múltiple expresión de afecciones físicas, emocionales, cognitivas y conductuales generadas a partir de contextos laborales cultural y socialmente específicos. Por ello, sus intereses investigativos han puesto atención en problemáticas de salud de primer orden en México tales como las afecciones psicosociales y a las enfermedades crónicas, descritas y analizadas desde el punto de vista el actor.

(Información extraída de http://red.antropologiadelcuerpo.com)

Referencias y Bibliografía

A. Schoppenhauer, "el mundo como voluntad y representación, Vol 1. Ed. Fondo de Cultura Económica , 2005.

Antonio Millán, "El signo lingüístico"

Ed. Trillas- 1994

Barragán Solis, Gonzalez Quinteros, " la complejidad de la antropología física" tomo 1 y 2

Ed.INAH – 2011

Bertil Malberg, " Los nuevos caminos de la lingüística"

Ed Siglo XXI , quinta edición – 1973

Calzetta, Juan Jose "Representación y trauma en el autismo". (Universidad de Buenos Aires P028, programación científica 2004-2007).

Freud S."Obras completas" Ed. Orbis S.A. Vol.2, ensayos VII-XVI Proyecto de una psicología para neurólogos.

Humberto Guerrero, "Margaritas para los chanchos. Autismo representando un enfoque- Margarita 5 : neurociencia extrema" Ed. Createspace ,2015

Josefina Ramirez Velázquez, De la curiosidad al miedo. Experiencia corporal de un grupo de internas ante el encierro y la disciplina en una institución educativa religiosa. Estudios de Antropología Biológica, XVI: 623 651 Mx 2013

Michel Foucault, "Las palabras y las cosas: una arqueología de las ciencias humanas"

Ed. Siglo XXI – 2007

Paul Watzlawick, "Teoría de la comunicación humana"

Ed.Herder - 1993

Rivera Amarillo Claudia Patricia, Aprender a mirar el discurso sobre el autismo, Tesis, Dpto.Antropología , Universidad Nacional de Colombia. Mayo 2003.

Sally Bloch-Rosen, Ph.D. (8 Abril 1999- Artículo)Síndrome de Asperger, Autismo de Alto Funcionamiento y Desórdenes del Espectro Autista,Traducción realizada por: Rogelio Martínez Maciá Susana Alardín Gonzalez , "los procesos de aprendizaje del niño con problemas de comunicación humana"

Ed. JUS , segunda edición – 1982

Spitz R."El primer año de vida del niño"
Ed. Aguilar,1974

Theo Peeters (Bélgica, 1943) es
reconocido hoy como uno de los
mayores expertos en autismo. Fundó el
Center for Training Professionals in
Autism (Centro para la formación de
profesionales en autismo), situado en la
ciudad belga de Antwerp.

Velleda Cecchi, "Los otros creen que
no estoy, Autismo y otras psicosis
infantiles" ed. Lumen 2005.

Velleda Cecchi, Jornada Mensual:
"Psicosis infantiles". Entrevista: Lic. Celia
Buchner.-28 de junio

de 2006

D

"... los cables internos de una computadora transmiten impulsos eléctricos pero la electricidad no activa los programas que podemos ver en la pantalla, se trata de información transmitida por impulsos eléctricos, o por cualquier otro impulso de energía, es información binaria, no se puede ver esta energía, pero los artefactos electrónicos la usan, ¿tiene computadora?..."

Me habían invitado de un centro de atención privada a supervisar un caso de modo "interdisciplinario", tenía que viajar a la Ciudad de Córdoba dos veces por semana unos 28 km de ida y otros tanto de vuelta, en términos económicos no me convenía, pero sentía como desafío intercambiar experiencias con otros profesionales avocados a la atención de la condición autista (o eso creía), bueno era probar mi flexibilidad , "integrarme" a un grupo de trabajo ya constituido, siempre había trabajado bajo la modalidad de transdisciplina con "mi grupo", personas hermosas que nos encontramos y buscamos, porque como todo, teníamos y tenemos una visión común, y un acuerdo tácito, no debía haber "vedetismo" ni celos profesionales, ninguno sabía tanto como para prescindir del otro, así que constituimos un grupo unido por la "sana ignorancia". Médicos, clínico y psiquiatra; psicólogos, psicoanalista y sistémico; fonoaudiólogos, psicomotricista, psicopedagogo, profesor de educación especial, en conjunto y frente al sujeto, partíamos de la premisa que era no dar nada por seguro, ni por verdadero, debíamos asomarnos al abismo que genera el no saber, y tomados de la mano nos asomábamos al misterio, ninguno podía caer en la necia concepción de creer tener y ostentar algún "conocimiento".

Me asignaron el caso clínico de D, un niño 6 años, en la ficha de evaluación decía: "Trastorno general del desarrollo, sin especificar. Paraparesia Izquierda", tenía como era de esperarse terapias asignadas, psicología, fonoaudiología y la "indicación" terapéutica del médico "traumatólogo".

¿Por qué un médico traumatólogo era quien daba la indicación terapéutica? (en América Latina, los médicos gozan de una desacreditada hegemonía por la cual son los "únicos" autorizados en indicar, cuando, como y que tipo de intervención en rehabilitación necesita un paciente) esperaba un médico fisiatra

o un psiquiatra como suele ser a menudo. Resulta que D tenía un leve acortamiento de los músculos de la pantorrilla (los gastronemios), lo que producía una "marcha atípica" apoyando la parte anterior del pie izquierdo (como si de este pie caminara en puntillas), seré claro y para decirlo sin eufemismos, era lo único que D evidenciaba como "problema" a ojos extraños y que ignoraran la condición autista de D.

Fue clara mi sospecha y acertada, era la única preocupación, por tanto ocupación de su mamá, del mismo modo lo único que había motivado su demanda.

D, era un niño ágil, verborrágico, sin dificultad aparente para interactuar con un gusto extremadamente restringido por la tecnología y electrónica, todo su discurso interminable, era pobre de contenido real y simbólico, no hablaba de él, ni siquiera estuve seguro de que le hablara a alguna persona, un discurso para sí, como si retroalimentara su único concepto-idea, muy restringido para comunicarse.

Mientras conversaba (en su parafraseo electrónico) lo observé, se mantuvo todo el tiempo de pie a unos metros de donde estaba sentado, al comenzar su discurso levantó su pie izquierdo el que usaba para caminar en puntillas, y con la punta del zapato mientras hablaba atravesándome con la mirada, como si leyera detrás de mí su único discurso, comenzó a dibujar círculos en el piso, de inmediato fijé la atención en esta conducta, en apariencia podría haberse confundido con un manierismo o un movimiento estereotipado, intuí que podía tratarse de otro tipo de conducta cuando, mientras hablaba sin interrumpirse, realizó dos pasos más, se detuvo y volvió a repetir la conducta. Con sutileza repitió esto una y otra vez hasta "recorrer" toda la superficie del consultorio.

Se me ocurrió intervenir, preguntándole si quería jugar al futbol en el patio, asintió con la cabeza, sin perder la motivación, salimos. El patio tenía dos espacios bien diferenciados uno de mosaicos, y el otro de grama. Improvisamos el arco en una esquina, valió la interrupción para que dejara de hablar de electrónica y ordenadores, lo que representó un descanso para mí. Antes de patear la pelota, comenzó el ritual de dibujar círculos con la punta del pie, primero en la grama y luego al pisar el mosaico.

Sus movimientos, que antes habían sido ágiles ahora evidenciaban algún grado de torpeza y nada tenía que ver ese pie equino y su consecuente marcha en puntillas del lado izquierdo. Tenía una evidente dismetría para anticipar la pelota, dismetría que podíamos observar en su discurso, palabras unidas, interminables inconducentes. Nunca uso el arco para tratar de "hacer gol", pateaba y seguía solo la pelota de un lado a otro, los esfuerzos para interactuar en un mano a mano, pasándonos la pelota alternativamente fueron inútiles.

Al volver a ingresar al interior del edificio, le pedí a D que fuéramos hasta otra sala, que estaba alfombrada, al pisar la carpeta volvió a repetir los círculos.

Le sugerí a D que se quitase el calzado con el pretexto de valorar su pie, y se negó rotundamente, si hubo una expresión clara durante el encuentro, fue esa carita de pánico, no forcé nada y fue motivo de consulta con la madre, que llegó a buscarlo a horario.

"No, D jamás se quita el calzado, no camina descalzo" (conducta que suelen adoptar niños de condición autista), esa fue la respuesta. Entonces comencé a imaginar que estos círculos tenían otro significado para D.

Repasé mentalmente como habían sido esos movimientos con él pie y lo que podrían representar, de hecho los represente yo mismo, dibuje círculos con la punta de mi pie izquierdo, en el consultorio, en el patio, sobre la grama, los mosaicos y la carpeta. Me entusiasme un poco, se hacían bien diferentes las percepciones.

Segundo encuentro

Estuve pensando como preguntar a D respecto de los círculos, una técnica bien resuelta que suelo utilizar es preguntar sobre supuestos, no para inducir la respuesta, de ser negativo el supuesto, el niño autista responde no, sin la posibilidad de desviar o acomodar su discurso.

Ni bien comenzó a mover su pie izquierdo dando círculos sobre el piso, afirmé "es suave", "sí" respondió, lo volví a invitar al patio, al pisar la grama, le dije "es menos suave", asintió al tiempo que realizaba sus círculos. Así fuimos "reconociendo" y colocándole nombre a diferentes texturas, al parecer no solo era "su modo" de reconocer texturas en superficies, sino de representar espacios y dimensiones.

Su pie apenas equino, en apariencia tenía una "función" más compleja en las percepciones y representaciones de D; con prisa hice todo los registros, para hacer un prolijo informe a la madre.

La madre

Le explique la importancia de ese pie izquierdo, lo que podía significar como "puerta" para que D, se comunicara y expresara sus deseos. La mamá me miró con ojos de perplejidad y descrédito. Me contó que el traumatólogo infantil, le había programado una cirugía de pie, para fin de año (época donde comienzan las vacaciones de verano en el hemisferio sur), que el motivo de la terapia era, en pocas palabras, explicarle a D la cirugía a la que debía ser sometido en tres meses.

Debo haber devuelto la mirada con perplejidad y crédito, sabía que era una decisión tomada por la madre y el médico. En un intento desesperado de intervención, le expliqué los posibles riesgos no quirúrgicos, sino en relación a lo que significaba "amputar" perceptivamente a D, puesto que tras la cirugía debía permanecer largo período inmovilizado, y no sabiendo bien de que se trataría supuse una tendinoplastía, que son muy dolorosas en su recuperación, ¿Cómo iba a enfrentar D, el pos operatorio, la rehabilitación física? ¿Qué iba a suceder con su sensibilidad propioceptiva, sus círculos, sus ideas y conceptos, en relación a esta experiencia?, también apelé(cómo iba a hacer uso de analgésicos y miorelajantes), si había consultado con el anestesiólogo el médico traumatólogo y el psiquiatra (me venía enterando que estaba medicado con biperideno, por indicación psiquiátrica en un intento de "desaparecer" los movimientos "involuntarios" de su pie y mio-relajarlo), creo más conmovida por mi desesperación, que convencida de mi argumentación, accedió a entregarle al médico traumatólogo un informe que yo iba a realizar.

A modo de interconsulta, elaboré un prolijo informe lo más justificado posible, no obviando ninguna de las observaciones e interpretaciones que había hecho con D, dos carillas extensas, El médico debe haber sentido que leía una carta fantástica, o mágica o no se..., quizás leyó lo que pudo sentir como un boicot a su acto quirúrgico o a su pericia traumatológica o a su alter ego.

Recibí la siguiente respuesta categórica.

"...Atento a valoración Fisiátrica del día 28/08/11, se evalúa la irreductibilidad del pie derecho manteniendo un equino de 5-10°, y desalineación del eje del mismo pie, presentando la posibilidad de corrección quirúrgica para fin de este año.

Plan Rehabilitación / Reeducación Neurológica: Proponer actividades tendientes a desensibilizar pie y tobillo para comenzar ejercicios de mantención..."

(Cabe mencionar que es una trascripción literal; si, el médico mencionaba el pie "derecho", y eso me lo explicó todo)

Tenía un niño, que traté durante los siguientes encuentros explicarle de que iba la cirugía, que le iba a doler y que debía hacer rehabilitación posterior, por largo tiempo.

La cirugía, D y el día "D".

No supe más de D.

Las decisiones, los padres, las intervenciones, los modelos multidisciplinarios, las "jerarquías profesionales".

E

Educación

Hoy NO voy a perder un poco de mi tiempo, analizando por que NO sirve un modelo educativo donde la gestión basa sus OBJETIVOS, en el forzado cambio de significados de los OBJETOS.

Si atendemos que el "objeto" en un sistema educativo es el alumno, el "objeto" instruccional es la "escuela" (genéricamente la institución educativa, de cualquier nivel).

Distinto, si hablamos de alumno por cliente y de escuela por empresa, entonces ya no hablamos de educación sino de "producto", bien de intercambio.

La universidad, (girar en torno a uno) un conocimiento único, al cual accedemos desde diferentes epistemologías, apenas rozamos tangencialmente este universo para asomarnos con ojos pobres y descubrir en nosotros la abismal ignorancia, tanto que se produce un paradojal efecto, bien descripto , cuanto más creemos saber más ignorante somos.

Caminos de aprendizaje dentro del ámbito universitario, por caso ¿se puede establecer una pedagogía? (el mismo término alude al niño no al adulto universitario). El aprendizaje, como acto Voluntario del sujeto adulto que quiere apropiarse del conocimiento, ¿de qué modo?, ¿Cómo cada sujeto adulto, toma o adquiere un conocimiento que no nos pertenece? Conocimiento, que en lo que entendemos hoy como actividad docente es apenas administrar. Acercar. Permitir que el otro construya, a su ritmo, con sus recursos y habilidades. Educación Constructivista, me canso de escuchar como se utiliza este concepto, sin que una sola política institucional apoye o apunte en tal sentido.

¿Evaluación?, en un modelo constructivista, donde el discurso y principios son por ejemplo, la excelencia académica, la formación de líderes, la calidad profesional, el posicionamiento, NO debería existir... o ¿puedo medir, evaluar, mensurar, lo que cada alumno tomó para sí de este universo de conocimiento? Aun cuando fuera empíricamente posible, aun cuando diseñáramos el mejor de los "reactivos", la mera pretensión de ser actores de una evaluación, debería avergonzarnos.

Por caso la evaluación debería ser para el estudiante universitario, un acto de constricción, ipsado, íntimo, nadie como uno mismo para gozar en lo "descubierto" y reflexionar sobre las carencias para descubrir lo nuevo .

Una buena idea, las universidades en cambio, convencen a sus docentes que son "poseedores" de un saber, que ningún sujeto tiene, (a menos que necio tome la ignorancia por verdad), elaboran en la mayoría de los casos "injustificadamente" , laboriosos "reactivos" y exámenes , que miden en teoría los conocimientos adquiridos (ya el solo hecho de plantearlo en esos términos es una falacia) , en realidad cuando no satisfacen el ego del docente convirtiéndolo en perverso, justifican un número que representa un coeficiente que determina el sostenimiento de una beca, en el mejor de los casos le hacen creer al alumno que " ya sabe".

Una empresa que se dedica a la educación, NO vende conocimiento (al cabo no le pertenece a nadie) vende confort, y en virtud de eso deberían elaborarse los objetivos institucionales y no los académicos.

Tiempo para ser docente, es tiempo para conocerme, aprender, maravillarme, mostrar, transmitir. Tristemente en cursos de capacitación docente, veo más a menudo simples adoctrinamientos o entrenamientos para realizar procesos efectivos y un "producto" homogéneo, como una hamburguesa de Mc Donald, todas iguales, carentes de vitalidad, de personalidad, al mismo costo, un "producto" que se come, ¿elaborado por alguien que sabe? , si, solo sabe seguir un procedimiento, pero ignora lo que significa cocinar, sus misterios, crear sabores, hoy "preparo" un producto, mañana limpio los baños o trapeo el piso, Mc Donald no necesita un cocinero - docente, necesita un técnico en una línea de proceso. ¿Eso es calidad? , ¿Eso es lo que deseas comer-aprender el resto de tu vida? ¿Eso te va nutrir hacer crecer?

Una Universidad, debería hablar de investidura, no de vestimenta, de ideas no de procedimientos, de conocimiento no de reactivos, de neurodiversidad no de metodologías, de orden no de disciplina, del sujeto adulto no del cliente.

Prefiero pensar que mis alumnos son adultos pares, en el descubrimiento de este universo solo nos identifican los roles y circunstancias. El objeto y el fin son para todos los mismos.

Biliografia:

Los grandes problemas de México vol. VII EDUCACIÓN Coordinadores generales Manuel Ordorica y Jean-François Prud'homme - Edición especial el colegio de México 2010 (70 aniversario año del bicentenario)

La educación como práctica de la libertad, Paulo Freire (ensayo) http://www.educacionsalta.com.ar/files/archivos/bibliotecas/3/eccbc87e4b5ce2fe28308fd9f2a7baf3.pdf

Propuestas Para la Renovación de las Metodologías Educativas en la Universidad

Escrito por Ministerio de Educación (España) Colaboración de la UNESCO Gestión de políticas universitarias. 2006

De eso no se habla… y en las escuelas menos.

Me llama la atención como en todos los niveles, aún en los que dicen ser los abiertos a la problemática, NO hablan de autismo. Sino queda esta temática circunscrita solo a quienes viven el Autismo directa o indirectamente, aun así debería escucharse más "ruido" al respecto.

El Autismo, la Condición Autista en personas ha ido aumentando considerablemente con el tiempo (luego analizaremos los motivos y no), lo cierto es que se estima en EEUU por ejemplo un crecimiento en el orden del 30% anual, servirá este datos más menos para los diferentes países de Latinoamérica. Con una incidencia promedio de 1 cada 68 niños.

http://www.cdc.gov/ncbddd/autism/data.html

http://cnnespanol.cnn.com/2014/03/27/1-de-cada-68-ninos-en-estados-unidos-tiene-autismo-segun-cdc/

Para Latinoamérica este número puede parecer elevado y de hecho según los diferentes parámetros de evaluación y diagnóstico podríamos ubicarnos en alrededor del 1 cada 100.

Hace tan solo diez años la prevalencia era de 1 niño cada 144, mi reflexión es ¿dónde están esos niños? , digo donde están porque las escuelas no se hacen eco de esta problemática, o al menos de eso NO se habla.

Por suponer una escuela con 1000 alumnos tiene al menos 5 niños de Condición Autista, y no conozco una sola escuela que haya propuesto una mirada creativa, paradigmática e integradora, a lo sumo "admiten" de buena gana, una maestra sombra, integradora etc... ni hablar del 30% a 40% de alumnos que son diagnosticados con algún Trastorno del Desarrollo, como puede ser TDHA, trastorno semántico pragmático, hiperactividad, actitud desafiante etc. Quiere decir de que aproximadamente la mitad de la matrícula tiene alguna "alguna dificultad" cuando no un rótulo de "trastorno". Para el caso que fuere, ¿Qué hace la escuela?

La escuela NO diagnostica, leía hace poco y con acierto la observación de una pedagoga, la Lic. Claudia Hirsch (artículo de la revista KPTA – Estrategia educativa N°9), pero ¿cuál es la propuesta innovadora?, me canso de escuchar, ver y leer, términos como: aprendizaje por competencias, transversalidad, constructivismo, práctica basada en la evidencia. Términos que pierden autenticidad, y se convierten en oportunos eufemismos académicos, cuando en las aulas se sigue pensando que la calidad se mide con "satisfacción", el aprendizaje con "evaluación", y la disciplina con "control".

Nadie Habla de Autismo en las escuelas, porque Nadie se atreve a cambiar el paradigma educativo, donde es más importante, el discurso a la "palabra", el uniforme a la "investidura", la academia al "conocimiento", la evaluación a la "creatividad", hablar a "escuchar".

El sistema educativo y las escuelas, son el principal ámbito de exclusión para personas que son rotuladas con algún "tipo dificultad", o simplemente son de Condición Autista.

F

Efe -mérides

F, era de esas personas que tenía la habilidad de pasar desapercibido, la única particularidad que parecía tener era la de ser el hombre de mayor edad, y la persona con autismo de más edad con la cual trabajé. F con 58 años era el "institucionalizado" más añoso de aquel hogar.

Es difícil pensar en objetivos terapéuticos, siempre es difícil, (por lo que a mí respecta es el acto más difícil de mi actividad terapéutica, supone al menos el 80% de todo el esfuerzo y energía que demanda cada sujeto), pensar en un objetivo para un hombre adulto que ya tenía sus rutinas establecidas, sus hábitos, sus memorias y recuerdos transformados en experiencias, ¿debería intervenir?

Transcripción del registro que hice:

Río Ceballos, 8 de julio 2010

"F- efemérides", fue lo primero que se me ocurrió cuando conocí a F, recordaba fechas, acontecimientos y contaba días con gran precisión, como suele ocurrir con estas personas (síndrome autista) consideraron esta manifestación como un signo de inteligencia y/o un don, luego advertí que las fechas no eran tan precisas, ni tantas como para reparar en una memoria "prodigiosa", más bien era un acto repetitivo, vacío de sentido y comunicación. (Ecolalia, trastorno semántico pragmático del lenguaje y trastorno de la prosodia).

Pude entrevistar a Elvira (la mamá 82 años), "F siempre fue muy bueno", fueros sus palabras de presentación, tuvimos que ir para atrás en el tiempo, 58 años, cuando F nació, "F nació normal, cuando vi que era lento para todo, supe que había un problema y a los 11 meses nos fuimos para Buenos Aires (vivía en Corrientes)..." "...allá lo vio un neurólogo y me dijo que era porque yo había tenido rubéola en el comienzo de mi embarazo..." "...por eso no ve, lo operamos dos veces pero tiene dañado el nervio óptico... yo le quise donar un ojo mío pero el médico me explico que no podía, que el ojo estaba bien lo malo era el nervio..." "le gusta mucho la música, yo le canto los tangos que le encantan y él se los aprende de memoria..." "... en la escuela no lo pudieron tener... siempre fue lento para todo, lento para nacer, tuve un parto lento... casi no tomo la teta... es muy bueno, nunca lloró y nunca se rio... es lento porque no conoce la casa, allá en Corrientes se iba de un lado a otro de la casa sin problema, siempre solo, cuando no conoce hay que acompañarlo por eso en la escuela no pudo seguir..." "F tenía un hermano que murió y a F lo quería mucho, a veces dormían juntos y se acompañaban, cuando murió, F lo llamó dos años hasta que se olvidó".

Un dato para mí: "F no husmea... (Nunca los olores le representaron un estímulo)"

Me sorprende que el diagnóstico de F no insinúe siquiera, el síndrome autista como posibilidad, se limita a diagnosticar un retraso mental, ceguera y dificultad de desplazamiento, como una identidad separada al hecho de no poder ver.

Por otro lado para Elvira, F solo sufre de ceguera y creo que es la única preocupación que ha tenido en toda su vida.

Pienso que F, está más cerca del espectro autista que de otro trastorno, me pregunto que busca F en los días del calendario, que fecha, onomástico, evento, efemérides, cumpleaños, etc. Creo que busca su día, el día de F, el día donde él pueda "ser" en el calendario, que año tras año, constituye su vida.

Uno podría decir, que aprende con cada paciente, y que todos tienen "algo" para enseñarnos, bueno aprendí de F un hombre con experiencias, un adulto mayor que debía respetar, como terapeutas debemos callar, para escuchar al otro, a veces callar más que otras, es prudente.

Busque un objetivo terapéutico para F, encontré un objetivo para mí, "escuchar", volver a intentarlo, y seguir "escuchando".

G

Autismo y Antropología

Ayer tuve el enorme placer de conocer a Xavier Lazarraga (Antropólogo físico por la Escuela Nacional de Antropología e Historia; especializado en Antropología del comportamiento) entre muchas de las menciones académicas que ostenta, un hombre sencillo de sonrisa espontánea, y con la disposición de los grandes maestros; dos horas de explorar los misterios del amor en un seminario de formación continua y el compromiso de seguir. La presentación de su libro y la posibilidad de comenzar investigación en campo, una tarea que me había encomendado desde que llegué a México. Cuando hablamos de autismo, surgieron algunas coincidencias conceptuales y perceptuales, respecto de la condición .Lo más importante es que la antropología física una disciplina joven, ha enfocado su estudio entre otras cuestiones en los aspectos antropométricos del sujeto, sus hábitos alimentación en relación al entorno, enfermedades etc. pero poco en relación al comportamiento, aquí la figura de Lazarraga se agranda, siendo él mismo el precursor en esta área comenzando desde su misma tesis de licenciatura en 1977 que culmina 40 años después, con la edición de su libro "El comportamiento a través de Alicia" que presentará el día 28 de Setiembre en la Feria Internacional del Libro de la Ciudad de México.

En palabras del mismo Lazarraga... "pero claro que cuando estudié el autismo, y fue un tema de interés en mi tesis, inmediatamente supe que no podía tratarse de una esquizofrenia o una psicosis, tuve que estudiarlo como algo independiente, menos pensar en el autismo como una enfermedad...", y bastó para saber que esta frente a la persona correcta.

De Lenguas y palabras

Hace dos días que pese a la contaminación, cuando una ventanita en la atmósfera se abre, penetra algo parecido a aire fresco, y noto el cambio, huele bien diferente, quizás sea el ozono más concentrado, sin humedad y seco huelo el cambio de estación, la entrada a la primavera; aunque el calor se acentúa la amplitud térmica es poca... y en este contexto casi como una ventanita atmosférica se coló por mis oídos una hermosa experiencia, también anunciando un cambio.

Me encontré allí en medio de un teatro, rodeado por hermosas personas vestidas con atuendos típicos, los colores y accesorios hacían las propias identidades, luego se presentó la "identidad", bellos poemas y canciones comenzaron a inundar la sala, todas diferentes "lenguas" con diferentes lenguajes, con diferentes significados, el foro en el día internacional de lenguas indígenas, fue la excusa para juntar lo que es propio de este país.

Tepozteco, Ñañu, Náhuatl, Maya; fonemas, y estructuras sonoras únicas, ásperas, melodiosas y guturales, allí estaban palabras y más que palabras...

Pensé, las personas autistas, tienen dificultad para utilizar palabras y comunicarse, ellos tienen tantas "palabras" para decir las mismas cosas, y el español el inglés ,son cada vez más pobres, pocas palabras para decir poco, pensar poco... mucha imagen, sin palabras, solo imagen.. Una parte de la comunicación, no escribo ni leo, "touch screen", ¿será el autismo un invento de la cultura contemporánea? ¿si tengo pocas palabras para aprender, pocas palabras para pensar?¿pocas palabras para salir de mi?...

H

Hipótesis

Pensé en este nuevo paradigma interpretativo de la condición autista, partiendo de una hipótesis que de antemano supone un planteo diferente de cómo se estructura el psiquismo, esto a la luz de reformular una hipótesis, "que el organizador primordial, y primario del psiquismo sería el olfato" y luego formular "que una función diferente de este aparato sensorio, posiblemente por cuestiones genéticas, sea el responsable de una representación, única, no convencional del mundo circundante, y la manifestación de esta peculiaridad es fenoménicamente lo que denominamos autismo."

Es por demás pretenciosa esta doble especulación hipotética, para persistir en ella no solo me he valido, de la experiencia clínica (que siempre es escasa) sino del hecho de no estar seguro y entender la refutabilidad de tal postulado.

Un texto que recurrente me han sugerido tanto autores como investigadores es "Proyecto de una psicología para neurólogos" que S. Freud escribiera en 1895, en uno de sus párrafos pertenecientes al capítulo cuatro "El punto de vista biológico", Freud dice respecto de la formulación de hipótesis.

"Con todo el que se dedique a la construcción de hipótesis científicas solo podrá tomarlas en serio una vez que se adapten desde más de una dirección a los conocimientos ya establecidos y siempre que de tal modo sea posible restarles su carácter arbitrario ad hoc."

Freud, mantuvo un principio ético, no arbitrario y abierto en sus formulaciones, con todos los recursos de vanguardia de los que disponía tanto tecnológicos como físicos y filosóficos de su época.

Con todo, tropecé con otro texto "Psiquiatría clínica" de los autores Mayer – Gross, Slater, Roth, que en una posición relativamente antagónica al psicoanálisis freudiano, cuando se expresa en relación a la formulación de hipótesis dice: "Para que la ciencia pueda progresar, la mente necesita hipótesis de trabajo, al fin de comprender y disecar sus experiencias; y ningún perjuicio causará el que esas hipótesis sean solo parciales o incluso erróneas, siempre que se las considere con escepticismo."

La pregunta de rigor se impone, ¿tengo dudas respecto de las hipótesis propuestas? .Respuesta: todas. La duda me ha permitido mantener abierta la idea para comprender tan complejo fenómeno, aun cuando mi hipótesis anude y concilie aspectos en apariencia divorciados de las investigaciones con respecto a la génesis del autismo que vienen desarrollándose, siempre encuentro cabos sueltos, vacíos que no tienen una explicación concluyente, y esto es precisamente lo que más me agrada del postulado y por ende lo que más me motiva.

Este trabajo no pretende en sí, explicar lo fenoménico, con otras palabras, ni introducir neologismos, sino colocar un prisma teórico diferente por el cual observar esta realidad y comprenderla. Apoyado en la experiencia clínica en el soporte teórico y en autores que hoy no se los considera en la vanguardia, del campo de la neurociencia, la psicología, la filosofía o la física, pero que considero sentaron las bases y los precedentes necesarios para poder transitar esta experiencia investigativa.

Mayer-Gross, Slater, Roth "Psiquiatría clínica, Ed. Paidos Vol.3 1958, pag. 55.

Freud "Obras completas" Ed. Orbis S.A. Vol.2, ensayos VII-XVI Proyecto de una psicología para neurólogos – Pag. 217.

I

IQ?

Hoy casualmente escuché por radio a una joven una adolescente de 14 años que era entrevistada con motivo de ser la "psicóloga mas joven del mundo en graduarse", por tratarse de una niña genio o como ella se prefirió denominarse, niña "sobre-dotada", todo comienza cuando al ver sus padres la extraordinaria habilidad para "aprender" con seis años decidieron hacerle un test de IQ y este arrojó el sorprendente índice de 140, con lo cual los padres NO la escolarizaron y dio los exámenes ante la SEP (Secretaría de Educación Pública) en sistema abierto, para titularse en sus estudios de primaria secundaria y preparatoria.

Me detuve a pensar, en sus propias palabras "de haber ido a la escuela hubiera perdido mis capacidades", "lástima que haya niños con diagnósticos de TDAH, déficit de atención, y otros, que al permanecer en las escuelas no desarrollan sus habilidades y potenciales, porque es sistema educativo no está preparado para atender sus especificidades"...

TODOS LOS NIÑOS SON GENIOS sino hubiera un IQ que mediera arbitrariamente sus posibilidades, solo que antes que podamos descubrir sus POTENCIALIDADES y ESPECIFICIDADES para aprender son ESCOLARIZADOS, en un sistema que es perversamente IGUAL pero no EQUITATIVO , entonces todo cuanto no ENCAJE en el sistema IGUALITARIO, es ETIQUETADO. Y con la etiqueta el modo mas justificado para excluirlos.

Respecto de los IQ... recordé este fragmento escrito por Isaac Asimov, otro sujeto sometido también a sus pruebas...

" ... después de todo ¿ qué mide una prueba de inteligencia sino la capacidad de los individuos que han diseñado la prueba, y que han relacionado estos, con la inteligencia?

Y estos individuos están sujetos a las presiones y prejuicios culturales que obligan a dar una definición subjetiva de la inteligencia... se trata de un mecanismo que se perpetua a sí mismo. Los hombres que controlan intelectualmente un sector dominante de la sociedad, se definen a si mismos como inteligentes, después diseñan unas pruebas que no son más que una series de ingeniosas puertecillas que sólo se abren a mentes como las suyas , proporcionándoles de esta forma más indicios de su ' inteligencia' y más casos de personas 'inteligentes', y por tanto mas razones de idear pruebas del mismo tipo..."1975

POR QUE NO SE CAMBIA EL SISTEMA EDUCATIVO?

Autismo Vs Conductismo ABA

(Cito textual del Blog EITA, al cual sigo y respeto, en esta ocasión adhiero).

http://eita.pe/noticias/el-autismo-contra-el-conductismo-y-el-aba

"Recopilamos, a pedido de nuestros lectores, algunos textos escritos por personas con Autismo/Asperger y sus familias contra el método conductista llamado ABA (Applied Behavior Analysis):

Nos oponemos a "tratamientos" dañinos, físicos o mentales, destinados a personas autistas. Dada la indebida percepción pública de "autismo", un gran número de tratamientos faltos a la ética se han vuelto muy comunes. Estos incluyen tratamientos físicamente dañinos (como terapias o sistemas de comportamiento aversivo), tratamientos mentalmente dañinos (como 20 a 40 h / semana ABA, la restricción de estimulaciones no nocivas y otros mecanismos de supervivencia autistas), terapias peligrosas no aprobadas médicamente basadas en teorías desacreditadas o creencias religiosas (como la quelación o exorcismo), y terapias que serían llamadas "tortura" si se utilizaran en niños no autistas (como el dispositivo de electroshock "comportamental").

Aspies for Freedom, organización de activismo por los derechos de las personas Asperger y Autistas. https://aspiesforfreedom.wordpress.com/about/

La evaluación ética y la supervisión deberían haber ocurrido en el desarrollo y la práctica del ABA en el autismo. Eso no fue así y todavía no se ha hecho, es más, existe evidencia de que los conductistas no supervisados son propensos a ser intolerantes con los autistas. Si el ABA en el autismo tomara en serio la ciencia y los derechos humanos, tendrían un proceso de evaluación ética que incluiría – buscar y da la bienvenida – a los autistas. La meta del niño "indistinguible" sería rechazada y reemplazada por un examen objetivo de todos los comportamientos. Se encontrarían comportamientos autistas compatibles con el aprendizaje, inteligencia y logros; y estas conductas, siendo diferentes, serían valoradas. La sociedad recibiría el mensaje de que está bien ser autista, y que está bien que una persona autista sea diferente de una persona típica.

Michelle Dawson, mujer autista, especialista en temas de ética y activista por los derechos de las personas autistas.

http://www.sentex.net/~nexus23/naa_a ba.html

El niño siempre es autista y estará naturalmente inclinado a actuar de una manera, pero se le dice que este comportamiento es inaceptable. Imaginen que le dijeran que no puede hacer algo a lo que está naturalmente inclinado, como rascarse donde le pica, sólo porque es, aparentemente, un comportamiento inaceptable. Estos niños, entonces, se ven obligados a vivir como algo que no son. Esto puede ser emocionalmente traumático para el niño. Este tratamiento (ABA) puede dar lugar a problemas de larga duración, tales como trastorno de estrés postraumático que podría requerir tratamiento en sí mismo. http://autismmythbusters.com/parents/therapy/the-truth-about-aba/"

No es mi costumbre fijar posiciones o al menos no hacerlas tan evidentes, se trata de no herir la susceptibilidad de nadie, pero en este caso, llamo a reflexionar a mis colegas respecto del uso de ABA... creo que en muchos casos solo representa la posibilidad de "demostrar" que "MI" técnica funciona y que "MI" logro está en concordancia con la "DEMANDA" de los padres... EGO y Narcisismo de por medio.... Pregunto: ¿qué quiere ese niño? ¿Cuál es su deseo? o es que no tiene nada para decirnos?... por mucho tiempo dejé de usar esta frase " ... si sirve con un perro, dudo que sirva con un niño...", creo me estoy volviendo menos diplomático, o más viejo...

DSM V "La Desclasificación"

Recientemente vi un vídeo de la Dra. Judith Guould (actual Directora del Centro de Atención del Autismo , en Reino Unido), la Dra Gould, fue en conjunto con la recientemente desaparecida Dra Lorna Wing, las "creadoras" de la famosa triada de Wing, para la determinación clínica de la condición autista.

1) Interacción social

2) Comunicación- Imaginación

3) Patrón repetitivo de comportamiento

Esta triada constituyó la matriz que se usó en la década del '80, y se incorporó al DSM (Manual Diagnóstico Estadístico de las Enfermedades Mentales). en la última edición de este manual el DSM-V , (2014) ,se han hecho algunas modificaciones en la clasificación, de hecho se " desclasifica", y se acepta a la condición Autista, como un Trastorno Neurológico de la Niñez o Infancia temprana, que no puede ser detectado hasta más tarde. De esta manera se borra la Clasificación Asperger y TGD (trastorno general del desarrollo) No especificado. (el punto no es hacer una valoración si debieron hacer esta "des clasificación" o si Asperger debe tener su propia identidad diagnóstica)

lo que me sorprendió y con lo que acuerdo plenamente fue lo que reveló Judit Gould de la experiencia que surge de la investigación de 1979 en aquel barrio inglés, donde comienzan las observaciones sobre un grupo de niños "buscando" el Síndrome de Kanner.

En sus palabras dice: " solo se comprenden mejor los síntomas de la condición autista, si se observan en conjunto con un criterio de totalidad... las categorías NO han sido de ayuda prescribiendo, tipo de enseñanza, manejo de la conducta y tratamiento.."

"...la práctica clínica NO define fronteras, NO clasifica, va más allá de la nomenclatura diagnóstica, que proporcionan los manuales DSM-V y CIE 11..."

"... los niños con Autismo, cambian con el tiempo, ponerlos en sub grupos, NO sirve de nada.." Dra. Judith Gould.

Tenemos que tener el valor ético como profesionales de saber que diagnosticar, rotular, clasificar, NO hace a la labor terapéutica. En la mayoría de los casos nos apegamos a una clasificación inútil, y hacemos del manejo de estas clasificaciones nuestra pericia profesional, no escuchando las necesidades del individuo.

J

Suena el teléfono..

- Hola soy J, lo vi la semana pasada en el evento del 2 de Abril (Día Internacional del Autismo), y le pregunté si usted trabajaba con personas con Asperger...

- Si, si trabajo con personas con Asperger

- Si eso mismo me respondió la semana pasada, quisiera verlo. Estuve leyendo y creo que tengo Asperger.

- Bueno cuando quieras..(acordamos una cita)

J , apareció en punto llamando a la puerta, acompañado de su madre, un joven bien formado y educado, me presento a su mamá y sin más los invité a la sala. La mamá una mujer sencilla, acompañaba al joven J sin decir mucho solo los saludos de cortesía habituales.

-Hola J, como es que dices que crees tener Asperger?

-Estuve leyendo algunos artículos antes de ir al evento y pensé que podía tener Asperger le dije a mi mamá ven acompáñame al evento del 2 de Abril , allí voy a encontrar gente que pueda ayudarme... allí lo vi y le pregunté , usted me dio un folleto... y hablamos.

Lamentaba mucho no acordarme de ese joven lo que me resultaba extraño ya que tengo una sorprendente habilidad para recordar rostros y asociarlos a situaciones particulares o nombres, como fuere, J está muy resuelto a contarme su vida, tenía en ese momento unos 20 años.

"Desde muy chico tuve como problemas, pero no en la escuela, si al principio me costaba mucho ir, luego aprendía el camino sin problema y con las materias nunca tuve ningún problema, no tengo amigos, bueno un primo mío si, que es hincha (simpatizante de un club de fútbol) de Belgrano y yo también"

Debo decir que sentí empatía inmediata, yo también simpatizo por Belgrano y me gusta el fútbol, lo sorprendente del relato era la persona que aún no había pronunciado palabra miraba con orgullo y en silencio al joven J, único hijo había representado para esa madre todo el apoyo y viceversa.

El papá de J era taxista y estaba poco en la casa, su modo de apoyar era ser un responsable proveedor y cariñoso padre a su modo, un hombre de pocos recursos afectivos un tanto ignorante para enfrentar situaciones que sabía lo sobrepasaban; contrario a otros padres que se resisten a lo diferente, el papá de J era un hombre dócil que sin decir mucho facilitaba las condiciones para que J se desarrollara y apoyaba en las decisiones a la mamá, de J. Luego me enteré que durante toda la entrevista el papá de J los había llevado en su Taxi al consultorio manejando 28 km desde la ciudad y sacrificando sus horas de trabajo, ese, el papá de J no quiso entrar, o exponerse o quien sabe, pero estuvo cuando lo requirió la familia, así como desde el anonimato.

Repentinamente J pidió pasar al sanitario, la mamá se excusó de inmediato diciendo que cuando J estaba nervioso iba al baño y que no me asustara se iba a tardar; este tipo de conductas es bien conocida por mí, no me asuste. Por mucho tiempo he observado que el espacio "baño" representa un lugar de descanso, o regulación de comportamiento para personas con autismo. Algunos abren la llave de agua del lavabo y dejan correr el agua, otros sin más se quedan parados, J prefería sentarse un momento sobre la taza.

Como quedamos solos la ocasión propicio una charla hermosa con la mamá. Me contó la historia de J desde pequeño.

"... cuando J era bien chiquito, tendría unos dos o tres años no hablaba me seguía por toda la casa mientras hacia el quehacer, no jugaba solo me miraba todo el tiempo; supe que era distinto a otros niños, lo comparaba con los hijos de mi hermana que eran todo alboroto y gritos, él era calladito, un día le dije que llevara una jerga al lavadero y se quedó ahí con la jerga en la mano mirándome. Supe que no entendía las cosas como se las decía, pero que sí entendía entonces le pedí que llevara la jerga al lavadero y sujete con su mano la jerga llevándolo yo misma hasta el lavadero, lo repetía una o dos veces y listo ya lo hacía solo, como le había enseñado, me di cuenta que si entendía bien pero solo que debía decírselo de modo distinto.

Entonces compre un muñeco de trapo relleno de estopa que se llama "Wilo", así le puso J cuando empezó a hablar a los cuatro o cinco años. Con ese muñeco le enseñe casi todo a J, a lavarse , a cambiarse, a comer utilizando los cubiertos. Todavía lo tiene, esa es otra historia.

Bueno tenía ya los cinco para seis años y mi marido me dijo que si lo íbamos a enviar a la escuela, así que fui a la escuela cerca de casa y lo anote, en primero; no quiso quedarse la primer semana así que no le lleve y durante el primer mes íbamos una o dos horas por día y me quedaba sentada en el patio, cada vez me quedaba menos tiempo hasta que empezó a quedarse solo sin problema, nunca le costó estudiar.

Cuando tuvo 14 años le dije J, vamos a regalar tus juguetes de niño, a otro más pequeños, le encantaban los autos y muñequitos su habitación parece un museo de exposición todos ordenaditos , era su forma de jugar ni siquiera tierra tenían parecían nuevos y llevaban como diez años; allí se molestó y me dijo, todavía no mamá, necesito un tiempo; lo deje y no le dije nada siempre necesitó para tomar decisiones más tiempo que los demás, a la semana solito vino y ,me dijo ahora si regalemos los juguetes y los quito todos menos "Wilo" ese lo guardó en el ropero, creo que todavía lo conserva ya hace bastante que no entro a su habitación, él es grande y nunca fue desordenado con sus cosas.

Otro tema fue cuando ingreso a la secundaria en la Normal (Colegio Normal Alejandro Carbó de la Ciudad de Córdoba), lo mismo lo acompañe una semana todos los días y él solo me dijo ya está bien mamá ya se ir solo, y hasta que terminó nunca tuvimos un problema casi no sabíamos que iba a la escuela, siempre preparaba sus cosas solo.

Su problema es ahora que estudia en la Universidad pero eso que le cuente él..."

Hacía un instante se había integrado de nuevo a la reunión J, luego de permanecer un buen rato sentado en la taza del baño.

- ¿Que dificultad estas teniendo en la Universidad? A propósito, ¿qué estudias?

- Bueno, estudio idiomas en la Escuela de Lenguas, específicamente Inglés, estoy haciendo la licenciatura como traductor comencé ahora pero tengo problemas para dar mis exámenes.

J se había preparado simultáneamente para dar examen de ingreso en tres idiomas, La escuela de Lenguas admite alumnos que sepan hablar y tengan un dominio previo de la lengua que van a estudiar, se lo considera uno de los exámenes más difíciles de admisión en la Universidad Nacional de Córdoba, con todo J rindió bien Inglés , Italiano y Francés, siendo el Inglés el idioma que eligió cursar; cuando le pregunte por que la licenciatura en traducción me dijo, "...hablar es sencillo, saber lo que quieren decir las palabras es lo difícil...", entendí que era la misma dificultad que había tenido con el español, y me pareció un desafío para sí mismo. Con lo que lo alenté a seguir.

El problema estaba en relación a un hecho que bien podía solucionarse, resulta que J tenía una imposibilidad para hacer filas y esto le provoca un estrés tan grande que optaba por esperar larguísimo tiempo fuera de las mesas de atención de alumnos y casi nunca podía a tiempo anotarse en las asignaturas para rendir o tramitar algún tema relacionado con la carrera.

Su mamá venía enterándose en ese mismo momento de la situación y apenada le preguntó por qué no le había pedido que lo acompañara, J respondió que era algo que sentía que debía resolver por el mismo, por eso había buscado que lo hacía sentir ser diferente y empezó a identificarse con el Asperger y en consecuencia estaba allí, conmigo.

Tenía enfrente a un joven perfectamente saludable con o sin Asperger, la madre supo que hacer y como. Cuando los padres se ocupan de ser padres, tratan de comprender y respetan la individualidad de la persona que tienen enfrente, lo consideran y aman, no puede llegarse a otro resultado que este... con o sin Asperger, no hubo necesidad de hacer intervención alguna menos un tratamiento, y el diagnóstico pasó a ser un hecho accidental, solo un ajuste del modo de que gestionaba su estudio y ya...

Seguimos en contacto donde J me contó de sus avances en la Universidad y las desventuras de nuestro equipo de fútbol.

K

Key- Ni queriendo, no digo.

Voy a continuar, por donde comencé, "es imposible no comunicarse" Watzlawick … imaginemos una situación donde en realidad no tuviéramos la posibilidad de comunicarnos aun cuando fuera empíricamente posible, ¿Qué elementos deberían faltar?, básicamente un "otro" , otro de quien aprender, otro que escuche, otro que esté, otro que dé la teta, otro que no… es decir, si vivimos es por otro, entonces el acto mismo de estar vivo implica una comunicación, un decir y un vivir son términos intercambiables…

Uno de los andamiajes de la comunicación es la palabra el lenguaje. Pero la comunicación en sentido amplio es mucho más extensa.

Intuitivamente creí que el problema del autismo, tenía que ver con la "imposibilidad" física orgánica de comunicarse... pues rápidamente descarté esta posibilidad. Estos niños que había observado con multi-impedimento, podían de hecho manifestar deseos, y demandas, afectivas y cognitivas, solo unos pocos no tenían o parecían no tener esas facultades. Entonces el déficit motor (para los que habían sufrido encefalopatías congénitas), los imposibilitados de ver, o de escuchar y hablar, o padecían algún retraso mental, pese a que podían tener uno o varios de estos déficits asociados, de alguna manera buscaban y lograban comunicarse...quedaba por cierto este pequeño grupo que no lo hacía.

No molesta

Recuerdo como uno de estos niños, no vidente, que no hablaba (ocho años), y no teníamos certeza de que escuchara, se paseaba por la institución, con la libertad de quien sin "molestar", se metía en todos los recovecos y espacios, talleres de carpintería, electricidad, deporte, cocina, baños etcétera, total "independencia", sin que nadie hubiera podido "educar" a este joven, más allá de las rutinas sujetas a las actividades de la vida diaria, donde se había manifestado solvente, y seguía siendo "independiente", de esta manera respondía a las rutinas diarias de levantarse, higienizarse, cambiarse, asistir al comedor, etcétera. Un día próximo al verano de mucho calor, el tallerista de carpintería observó que "alguien" había desarmado un tocadiscos viejo y en desuso que estaba sobre uno de los estantes, no solo lo habían desarmado sino que habían retirado piezas y una de ellas era el motor eléctrico. Tamaña sorpresa, fue cuando se encontraron las piezas del aparato debajo de la cama de este joven, que solo, había ensamblado correctamente las partes, y con el fondo de una lata de dulce de batatas (constituye un circulo de hojalata de unos 40 cm de diámetro), había procurado aspas recortadas para la confección de un ventilador. Este niño, no veía, no hablaba, era el que "deambulaba", "no molesta".

Olfato policial

Por descarte, si se quiere considerar de esta manera, valuando uno a uno los déficit sensoriales, y como éstos incidían en la "no comunicación" de algunas personas, me restaba uno que no tuve presente sino hasta el año 2001, que razón fortuita leyendo compulsivamente novelas, siempre me gustó el género policial, y de ciencia ficción (Chesterton y Asimov son mis autores predilectos), llegó a mis manos "El perfume, historia de un asesino de Patrick Süskind", literalmente me voló la cabeza, el olfato, ese sentido olvidado dirá Flora Chade, a quien me remitiré más adelante.

Volví a revisar aquellos "registros" que hiciéramos con el profesor Ciapponi en 1994, y uno en particular.

Dos jóvenes con parálisis cerebral de 19 y 30 años de edad respectivamente habían tenido un episodio dentro del natatorio de características similares, no simultáneamente. Ambos se desplazaban en el agua con bastante independencia y con las dificultades propias de una espasticidad cuadriparética, con un centro de flotación pobre y a expensas de mucha relajación y movimientos suaves habían logrado cierta habilidad para desplazarse, ambos podían sumergir la cabeza y contener la respiración, la oclusión de la boca en ambos era deficitaria por la hipertonía muscular de la cara pero si bien les entraba agua a la boca no la tragaban. En cierta ocasión uno de ellos, se sumergió repentinamente y cuando su respuesta no era la esperada rápidamente fue asistido por el terapeuta que lo acompañaba, al salir a la superficie, el joven, tenía el rostro extraviado y asustado, le preguntaron inmediatamente si había tragado agua accidentalmente y respondió que no, a continuación comenzó a sollozar o llorar de un modo particular, un llanto profundo, hacia dentro espasmódico, sordo, y desconsolador. Esta imagen superaba el susto, más bien suponía un estado de angustia. Cuando se le preguntó nuevamente a que obedecía este comportamiento, se limitó a contestar, no lo sé, y realmente no encontró palabras para explicar lo que había sucedido. Este hecho que pudo ser aislado, nos llamó la atención cuando unos meses después se repitió con idénticas características, en el otro joven mencionado, y tampoco pudo explicar el motivo u origen de este llanto-angustia.

Revisé de inmediato las historias clínicas de ambos jóvenes, buscando pesquisando, queriendo dar explicación y palabras a estas manifestaciones. En ambos casos la encefalopatía se había originado por hipoxia perinatal originada por la aspiración de líquido amniótico, no pude dejar de considerar lo que fue una evidente relación, no obteniendo respuestas sino más preguntas. Había asistido por curiosidad a algunos partos, y lo primero que se me vino al recuerdo, y mientras escribo evoco, como si estuviera en la sala de partos, el olor, amoniacal, lo definiría, esa mezcla de amoníaco, sangre y acidez. Mismos o particulares olores del agua del natatorio, imaginé, la temperatura, el sabor, el olor, la viscosidad, del agua de la alberca y del líquido amniótico, aún sin probarlo debía parecerse mucho a este. Y que estos jóvenes se veían "obligados" por las circunstancias a probar el agua de la alberca y tenerla dentro de la boca, también de los estímulos propioceptivos del agua sobre la superficie corporal, sensación de ingravidez, temperatura, etc. ¿Tendría alguna relación, el sabor-olor del agua, con aquel hecho traumático durante el nacimiento del sujeto donde había tragado y aspirado el agua amniótica?

Tratándose de una experiencia, tan primaria, tan fuerte y determinante en la vida del sujeto, entendí que hubiera sido muy difícil poner en palabras aquella sensación-recuerdo, evocar ese momento no hubiera podido generar otra cosa que no hubiera sido angustia y llanto. Igual todo este argumento, especulativo, no sirvió más que para pensar, ¿qué rol juega el olfato como sentido, en la vida psíquica del sujeto?

Empecé a recordar, como los niños con autismo (algunos, como un hecho común), incorporaban a su conducta el hecho de husmear, oler, "rastrear", mirar con la nariz. Uno de ellos, puede mirarme, llamarme inclusive por el nombre, pero necesita invariablemente "confirmarme" con el olfato, como si ninguno de los sentidos antes "jugados" en el encuentro, le fueran suficientemente veraces, mientras que solo cuando me huele, puede confirmar que el que está delante de él soy yo.

Primero tenía que saber y conocer más sobre el olfato, nada sencillo, ya que es sobre el sentido que menos se ha escrito, no obstante encontré una tesis, una piedra angular para comenzar con mi investigación, el trabajo de la Prof. Flora Chade, "Aportes para la comprensión psicoanalítica del olfato. La fase oral-olfatoria."

Y especular la primera de las hipótesis para la comprensión del autismo, que el psiquismo se estructura a partir del olfato como organizador primario.

Flora Chade "Aportes para la comprensión psicoanalítica del olfato. La fase oral-olfatoria." Ed. Proa XXI, 2005.

L

"...Ven tengo un caso de autismo en el Hogar...", con estas palabras la figura delgada calva y amable, que se dejaba asomar por detrás de unos gruesos lentes obscuros, me invitaba a una de las experiencias más intensas de mi vida profesional. El director de un Hogar para jóvenes "abandonados" con diferentes necesidades, había recibido un joven de 16 años, de quien nadie se había ocupado jamás (suerte de todos los jóvenes alojados en aquel Hogar), y en apariencia tenía autismo, como diagnóstico secundario a una larga lista de patologías que comenzaban con encefalopatía congénita hipóxica, seguida de RMS (Retraso Mental Severo), soy textual en la descripción y registro clínico del joven L, y Trastorno Autista, así a secas, el médico no había perdido tiempo siquiera en colocar la palabra Espectro, en medio, sin ser un eufemismo para describir la condición autista, nadie se había ocupado de él, y hasta la redacción del diagnóstico parecía casual.

Tenía que viajar, de mi pueblo (Rio Ceballos, Provincia de Córdoba) a otro vecino distante unos 12 kilómetros, Salsipuedes. Un hermoso pueblo serrano con un generoso paisaje, rio y vertientes de agua muy cristalina; en medio de monte verde, paraísos, espinillos, acacias, talas, molles, a la vera de una sinuosa ruta, en un alto se apreciaba un hermoso edificio de formas irregulares y lleno de ensambles y diferentes materiales, adobos, ladrillos, vidrios, hierros, bicicletas, carretillas, troncos, incrustados conformaban la totalidad de las paredes. Sin una sola escalera, sino rampas que copiaban el caprichoso suelo virgen, se llegaba al edificio que igualmente de caprichoso resultaba en su arquitectura interior.

Me recibió un joven alto, corpulento, con una sonrisa, haciendo gestos, advertí de inmediato que era sordo mudo, y me invitaba a pasar. Le dije que siguiera con lenguajes de señas, sabía darme a entender de manera sencilla, se le iluminó la cara y luego siguió con una larga conversación que hubiera querido comprender en su totalidad.

Dentro del hogar esperaba algún responsable, de manera tonta, desacredite al joven sordo mudo que en apariencia era el responsable en ese momento, de hecho había salido a mi encuentro porque estaba esperándome con órdenes precisas de llevarme ante L.

Minuciosamente me hizo hacer un recorrido por todo el interior del edificio, las habitaciones, los salones comunes, el comedor, los baños, la lavandería, la enfermería, la cocina y su habitación personalmente arreglada y decorada con la bandera de su club de fútbol que colgando de las paredes ocupaba un tercio de la habitación. El Boca Juniors. Este Joven llevaba más de la mitad de su vida viviendo en aquel hogar, por eso refuerzo el concepto de "su" habitación, su casa, su hogar, sus amigos…. El "responsable" más cualificado sin lugar a duda.

Aislado del resto estaba L, en el suelo, con sus piernas dobladas en lo que denominamos posición de W, vuelto sobre si, un joven delgado de buena complexión física, rubio de mirada extraviada y con signos inequívocos de hipotrofia muscular en sus cuatro miembros a predominio de los inferiores, voy a transcribir el registro tal cual lo hice en aquel momento cuando conocí a L.

"…Imperceptible, silencioso, se hace un bollito, se vuelve sobre sí mismo, cruza los brazos por delante y pone la cabeza entre las piernas flexionadas, sobre las que se arrodilla. Bicho bolita.

Del mismo modo que levantamos una piedra para encontrar un bicho bolita un día de humedad, basta con buscar un haz de luz solar para encontrar a L, asoleándose. No lo mira, no lleva el rostro a su encuentro, se somete, sucumbe, duerme, escucha, se comunica en silencio.

Entiendo un vínculo L-Sol, un diálogo en silencio, un momento, una pausa, un idilio.

Aprender a ser sol, una gran empresa, como escuche hace poco si es "imposible" entonces sé que me llevará más tiempo..."

Nunca logré ser el ansiado Sol, para compartir la intimidad de L, me hubiera gustado saber tanto más de aquel joven, tuve que vencer muchos prejuicios y obstáculos, L era del todo dependiente, un muchacho de 16 años que no hablaba, no controlaba esfínteres, no miraba, del que nadie se había ocupado, me comprometía de manera especial, cambiar sus pañales , higienizarlo para poder empezar la "terapia", era una de las cosas que más costó, pero a la cual no renuncie, moverlo, buscar una respuesta... todo era dificultoso.

L me reconocía de inmediato, cuando llegaba (dos veces a la semana) me extendía los brazos y se reía o hacía una mueca similar, se desplazaba con ayuda de los brazos arrastrándose de rodillas en esta posición tan particular de W, al tiempo que buscaba la calidez del sol, siempre quieto con sus movimientos estereotipados limitados por su hipertonía general, L podía pasar horas sin que nadie lo advirtiera, se hacía saber, por las hediondeces de las cuales no era responsable, y que pese a todo le conferían la posibilidad de ser tenido en cuenta unas tres veces al día para que lo higienizasen y cambiasen.

Por eso entendí que lo verdaderamente terapéutico era cuidarlo y acompañarlo, cambiarle e higienizarle, fueron mi verdadera actividad terapéutica, estar, así pasaron muchos encuentros con L, por lo regular trataba de llevarlo conmigo y nos integrábamos a alguna actividad que estuviera haciendo el resto.

Normalmente consistían en tomar la media tarde, en Argentina es usual el consumo del mate, una infusión que se sirve en un recipiente único y de uso común (cuenco de calabaza seca), y para tomar el líquido se hace absorbiéndolo a través de una pajilla de metal que se denomina bombilla, de este modo se conforma una ronda, y el mate es servido (cebado) y pasa de mano en mano, uno a uno, en la medida en que cada tomador acaba el contenido líquido. En Argentina tiene un simbolismo particular y se transforma no solo en una bebida sino en un hecho social.

En una de estas rondas de mate, mientras los jóvenes hablaban naderías, L se había acurrucado de manera natural en uno de los espacios de la ronda lo que conformaba un eslabón más de la cadena social, el que servía el mate, el cebador, que resultaba mi amigo sordo mudo, tenía en sus manos un termo con agua caliente, y en la medida en que cada tomador acababa el contenido era devuelto al cebador para que este le colocara agua en el interior y lo entregaba en la mano al que siguiere en la ronda según estuviere ubicado.

El mate, fue de mano en mano hasta llegar al pozo donde estaba L, cuando de repente en un movimiento automático una mano escuálida se elevó del pozo demandando el mate que por orden de mérito le correspondía. El cebador, colocó el mate en la mano de L con la naturalidad que correspondía al momento. Quedé sin palabras y no quise intervenir de ninguna manera más que admirar ese momento. L agarro el mate lo tomó por la bombilla y lo devolvió al cebador que continuó con la tarea de modo automático y natural.

Todos fuimos Sol... L tenía un propósito en el grupo, que en lo sucesivo cuando conformaba la ronda de mate "incluía" a L. Porque L, "sabía tomar mate en grupo".

M

Mutismo, soledad y orden

Es claro establecer la diferencia entre estar solo y sentirse solo, nadie pone en discusión las premisas existencialistas como la de Martin Buber, que afirman la naturaleza social del ser humano; siendo la soledad un estado que puede elegirse, y ser bueno incluso. Sentirse solo no tiene que ver con el sujeto, sin más bien con el entorno.

El sujeto con autismo es un ser social, que necesita del otro y demanda la presencia del otro, solo que por canales no convencionales, que no entendemos y esto lo pone en situación de "soledad" y desventaja, una soledad que no elije y que se traduce básicamente en el hecho de no ser escuchado.

No ser escuchado es contagioso, NO el autismo; no ser escuchado se contagia al entorno del sujeto con autismo, primero a los vínculos más cercanos, los familiares, luego se va contagiando a los que trabajan con la condición, a los maestros, a las demás familias que tienen niños con autismo en sus senos.

Se multiplican los no escuchados y también las soledades.

Levantar la voz para ser escuchados, gritar, berrinchear, tirar jalar..., todo se vale para ser escuchado; quien puede juzgar estos actos, si son por la necesidad natural de levantar la voz y "ser" en una sociedad no pasando desapercibidos como miembros.

Actos justificados pero no aceptados, denominados "conductas NO deseadas", que la sociedad silencia en muchos ámbitos; silencia en la escuela, silencia en la política, silencia en las prestaciones sociales, silencia en los lugares públicos y de esparcimiento, en los auditorios, y en los congresos de autismo donde de eso NO se habla.

Niños, padres, conjunto de padres y asociaciones, necesitan hacer ruido, gritar, tirar y jalar, para ser escuchados y no sentirse solos, pelear por un espacio de participación social. Y no que se los silencie con frases como "esa es una conducta no deseada", "su reclamo es inapropiado", "hacemos lo que podemos, saque número", "repita conmigo... esta no es una enfermedad, aquí no la tratamos", "somos incluyentes, pero su hijo no da el perfil..." etc.

La "soledad", por una sociedad que silencia no escucha, DUELE, y ese dolor se hace insoportable en quienes lo padecen.

Si acaso pudiéramos sobrevivir a esta situación, donde todos nos ignoraran como si no existiéramos, no tardaríamos en morir por dentro, y nos enajenaríamos, perdiendo la condición de persona.

No escuchar es el verdadero crimen social.

"ORDEN", esta palabra me llevó a pensar en el colegio San José, de mi Ciudad Córdoba – Argentina, fundado por un cura Jesuita en 1904, reza en la entrada la siguiente frase "serva ordinem et ordo salvabit te", traducido como "preserva el orden y el orden te salvará", debería decir "cuida el orden...", estuve reflexionando a que ORDEN refiere la frase y porqué a comienzos del siglo XX, tenía protagonismo un Orden que Santo Tomás de Aquino había relacionado con el Orden Divino, la inequívoca Lógica Racional y Causal de todos los hechos universales, donde el Pensamiento de Dios era regidor y artífice , Alfa y Omega, del Universo tal cual era concebido.

¿Qué sucedió en el campo del conocimiento?; por esos años, Freud, publica su primer obra "psicología para neurólogos", allí menciona el funcionamiento neural basado en los descubrimientos recientes de Ramón y

Cajal, las tres leyes de la neurona. Freud menciona el cuantum de energía, como unidad de energía eléctrica intrínseca del cuerpo neuronal, su desplazamiento consumo y economía en los procesos mentales (emocionales). Este concepto "robado" de los estudios de Max Planck que publicaría sus descubrimientos sobre mecánica cuántica recién en 1915.

Por primera vez de la irrefutable lógica matemática y la prueba empírica, se estaba poniendo en el banquillo de los acusados al razonamiento cartesiano y a las leyes de Newton, que habían permanecido inmutables durante tres siglos tambaleaban, no tardaría mucho hasta que Albert Eistein, pusiera en evidencia la inutilidad de las leyes de gravedad en partículas subatómicas (teoría del cuantum) y como este micro universo estaba gobernado por otras fuerzas la de la termodinámica y peor aún el gobierno que ahora reinaba y parecía regir los hilos del Universo todo, ya no eran el Orden sino eran las Leyes de Chaos.

O repensábamos el Universo y la Divina participación de Dios en él, o por el contrario, nos aferramos a la imposibilidad de cambio y Preservamos el Orden. (Mal entendido como disciplina o arbitrariamente así entendido).

El mundo se desbarata y se pretende reestablecer el Orden, después de la primer guerra mundial el Reicht (orden) gobierno alemán y la "Ortodoxia" (libro de G. Chesterton hombre de observada religiosidad, en un intento desesperado por incursionar en la literatura filosófica dejando el Padre Brown atendiendo cuestiones seculares). Mientras otro católico austríaco Hans Asperger trataba de buscar un Orden al servicio del Reicht, en la mentes de jóvenes desordenados. El Papado de S. Pio X y la "catequesis para todos y todas". Todos intentos para "Serva (cuida) el Orden, que el Orden te salvará", por algún motivo que tiene que haber tenido más que ver con el progreso y el conocimiento Ese Orden se confundió o se cambió por el equivalente "Disciplina", y este nuevo paradigma resultó en el espíritu regidor de numerosos centros y escuelas confesionales religiosos y centros de reeducación y rehabilitación, la conducta corregida por lo que debe ser.

La condición autista escapa a lo que debe ser, no respeta el consenso es la condición anárquica por naturaleza.

BIBLIOGRAFIA:

Referencias y Bibliografía

A. Schoppenhauer, "el mundo como voluntad y representación, Vol 1. Ed. Fondo de Cultura Económica , 2005.

Antonio Millán, "El signo lingüístico"

Ed. Trillas- 1994

Barragán Solis, Gonzalez Quinteros, " la complejidad de la antropología física" tomo 1 y 2

Ed.INAH – 2011

Bertil Malberg, " Los nuevos caminos de la lingüística"

Ed Siglo XXI , quinta edición – 1973

Calzetta, Juan Jose "Representación y trauma en el autismo". (Universidad de Buenos Aires P028, programación científica 2004-2007).

Freud S."Obras completas" Ed. Orbis S.A. Vol.2, ensayos VII-XVI Proyecto de una psicología para neurólogos.

Humberto Guerrero, "Margaritas para los chanchos. Autismo representando un enfoque- Margarita 5 : neurociencia extrema" Ed. Createspace ,2015

Josefina Ramirez Velázquez, De la curiosidad al miedo. Experiencia corporal de un grupo de internas ante el encierro y la disciplina en una institución educativa religiosa. Estudios de Antropología Biológica, XVI: 623 651 Mx 2013

Michel Foucault, "Las palabras y las cosas: una arqueología de las ciencias humanas"

Ed. Siglo XXI – 2007

Paul Watzlawick, "Teoría de la comunicación humana"

Ed.Herder - 1993

Rivera Amarillo Claudia Patricia, Aprender a mirar el discurso sobre el autismo, Tesis, Dpto.Antropología , Universidad Nacional de Colombia. Mayo 2003.

Sally Bloch-Rosen, Ph.D. (8 Abril 1999- Artículo)Síndrome de Asperger, Autismo de Alto Funcionamiento y Desórdenes del Espectro Autista,Traducción realizada por: Rogelio Martínez Maciá Susana Alardín Gonzalez , "los procesos de aprendizaje del niño con problemas de comunicación humana"

Ed. JUS , segunda edición – 1982

Spitz R."El primer año de vida del niño"
Ed. Aguilar,1974

Theo Peeters (Bélgica, 1943) es reconocido hoy como uno de los mayores expertos en autismo. Fundó el Center for Training Professionals in Autism (Centro para la formación de profesionales en autismo), situado en la ciudad belga de Antwerp.

Velleda Cecchi, "Los otros creen que no estoy, Autismo y otras psicosis infantiles" ed. Lumen 2005.

Velleda Cecchi, Jornada Mensual: "Psicosis infantiles". Entrevista: Lic. Celia Buchner.-28 de junio

de 2006

N

Neurociencia   EXTREMA

Siempre tuve la imagen del sujeto conservador, clásico y poco aventurero...

Resulta que un día se manchó el guardapolvos y juró no volverlo a usar, el aceite de cedro donde colocaba inmersos los preparados histológicos para someterlos al poderoso microscopio, venía empacado en un frasco cuidadosamente precintado, tanto que uno podía suponer por el fino envase el costo del delicado aceite, como si se tratase de un exquisito perfume francés, solo que este no olía a nada que no fuera parecido a un trozo de madera, y sus manchas habían dibujado tantas mariposas, monstruos antropomórficos y aureolas de pequeñas galaxias eternamente impresas en el género, que detestaba tanto más limpiarlo, que la torpeza que evidenciaban tantos accidentes de manipulación.

- ¡Cuidado...!- Gritó Ernst, áspero, enérgico, pero no sorprendido..

- Es otra preparación que arruino, temo me descuentes de mi pobre salario el costo del aceite, que he desperdiciado por mi torpeza. En este último mes van...

- ¿Cuánto te estoy pagando por trabajar en el laboratorio?

- 280 Gulden al mes... - con temor de que Ernst, estuviera haciendo la penosa diferencia matemática ya que Ernst había estudiado física en Berlín con el Prof. Max Planck y luego se había abocado al estudio de la fisiología, había incorporado el concepto casi metafísico del Quantum en sus apreciaciones de formulación teórica y Sigmund sabía que aquella operación matemática de regla de tres simple, era precisamente eso, simple, para una mente tan sagaz.

- Pues mira – señalaba un enorme y sofisticado aparato de óptica- este es nuevo Abbe- Zeiss, el primer modelo es del año 1877 y esta semana me trajeron este que ha incorporado una calidad de resolución increíble, ¿sabes, cuánto cuesta?...

- No... - respondió angustiado Sigmund, sabía que el preparado que acababa de arruinar era exactamente para usarlo en el nuevo microscopio, pero sabía que debía de trabajar gratis de por vida para reponer uno, aunque no terminaba de entender la relación.

- Unos veinte salarios de los que percibes – la cuenta fatal, Sigmund enmudeció. – solo podrás montar un laboratorio como éste, si tienes el apoyo político y financiero de las personas correctas – esa era la relación, y volvió a sentir como los latidos volvían a ocupar lugar en su pecho – nunca dudé de tu capacidad amigo , por eso trabajas conmigo, pero sé también que odias el atrapa fantasmas – haciendo alusión al guardapolvos – y si bien amas la ciencia moderna, la tecnología, la física, la neurología, nada tienes en tus oídos y rus ojos, que no te hagan apreciar con exquisita minuciosidad la función de una neurona, en la clínica de un sujeto...

Con estas palabras Sigmund Freud , abandonó el lugar como residente en el laboratorio de su amigo Ernst Wilhem Von Brürke, para no usar nunca más el guardapolvo, y comenzar a desarrollar su actividad como psiquiatra... en sus pensamientos posteriores, Freud tomó cada elemento moderno y vanguardista de la época para explicar los fenómenos que observaba en las conductas de los sujetos, parado desde la más dura de las ciencias , la matemática , la física moderna, la neurofisiología, incorporó términos como "Quantum", se formuló hipótesis utilizando como matriz las "leyes de movimiento newtonianas", el descubrimiento reciente del Dr. Ramón y Cajal, la unidad funcional del sistema nervioso la neurona, su estructura y función.

Freud utilizó para investigar, hipotetizar y pensar, todos y cada uno de los recursos técnicos de vanguardia de los que disponía, tuvo el coraje para utilizar el concepto quantum aún antes de que Max Planck publicara cinco años después su "teoría cuántica" y especuló sobre la función indeterminada de lo que llamó "barrera de contacto" neuronal, 25 años antes de que el farmacólogo Sir Charles Scott Sherring descubriera la sinapsis neuroquímica.

Freud, era un investigador neurocientífico, vanguardista, metódico y extremo... no sé en qué instante cambió e mí, la imagen del romántico pensador fumador de pipa...

(La historia narrada es producto de la imaginación de quien escribe, aunque bien pudo haber sucedido...)

O

Olfato

No es poco significativo que la mayoría, de los olores sean nombrados de manera evocativa, no hay un olor llamado "rojo", hay olor a... mandarinas, limón, jabón, por ejemplo. Y no es cualquier jabón es "ese" jabón" (para mi uno que usaba durante mi paso por el ejército, era lo único que sentía, olía bonito), o cuando mencioné en el comienzo mi amigo de la infancia Guillermo C., puedo evocar y con esta evocación todos los recueros del olor de su cocina, y como invadía los espacios del resto de las habitaciones.

Si quisiéramos recordar un evento de nuestras vidas por insignificante que sea, a través de los olores presentes en aquella circunstancia, haríamos un viaje inmediato a ese "origen".

¿Por qué no se ha estudiado?, creo que a diferencia del resto de los sentidos, este en particular es el más subjetivo de todos, las anosmias son detectadas por quienes la padecen, alrededor de los diez años, son auto diagnosticadas (así de subjetivo), y los instrumentos de evaluación son complejos. Además parece ser un campo "misterioso" para los propios investigadores. En el año 2004, dos estadounidenses Linda Buck y Richard Axel, fueron reconocidos con un premio Novel de medicina por sus aportes investigativos a esta área, ellos hallaron una gran familia de genes vinculados a los receptores olfatorios, y como operan en la memoria olfativa. Un dato significante de esta investigación es que el 3% de nuestros genes se usan para la codificación de receptores olfativos, esto se traduce en aproximadamente el equivalente a 1000 genes.

"el olfato era un misterio...el sentido del olfato ha sido durante mucho tiempo el más enigmático de los sentidos..." Axel y Buck.

Me resulta sumamente interesante, el hecho de que el olfato constituye la estructura más arcaica de nuestro sistema nervioso, el rinencéfalo constituye una porción esencial, de lo que se denomina cerebro emocional, Paul MacLean en 1952, habla justamente de cómo estas complejas estructuras, son activamente responsables de las emociones.

Con todo, no es tenido en cuenta el sentido del olfato como, "el sentido", en la construcción psíquica del sujeto.

De regreso

Volviendo al olfato, en busca de bibliografía, encontré un hermoso texto, el de Flora Chade, "Aportes para la comprensión psicoanalítica del olfato. La fase oral-olfatoria." Mi doble sorpresa fue primero en advertir que Flora Chade era argentina y que había considerado también como primordial organizador del psiquismo al olfato. Por supuesto antes que yo, y con sobrados conocimientos teóricos que apoyan su hipótesis.

"Los sentidos se articulan (vista-oído-olfato-gusto), determinando distintas sensaciones que se ligan. La hegemonía visual va a organizar luego el aparato psíquico, pero hay otras organizaciones previas, de donde deducimos que el olfato, puede ser su organizador primitivo..." Flora Chade "Aportes para la comprensión psicoanalítica del olfato. La fase oral-olfatoria." Ed. Proa XXI, 2005.pag.36.

Continuando en la búsqueda , encontré una investigación, también de autores argentinos, L.C.H. Delgado y G.V.García, quienes en su investigación concluyen : "Nuestras investigaciones nos permitieron desarrollar un cuerpo teórico que intentamos insertar en la metapsicología psicoanalítica impulsando replanteos y reacomodamientos tales como la constitución de una primera etapa psicolibidinal con asiento en la pituitaria olfativa, los núcleos de la conformación femenino-masculino, las funciones materno-paternas y la vinculación sexual ligadas a las primeras experiencias olfativas."

Tuve ocasión de contactar al Dr. Delgado vía correo enviándole una síntesis de este trabajo, gentilmente y generosamente me facilito la siguiente información, transcribo el correo recibido de modo textual:

"Estimado Humberto Guerrero: Recuerdo que el suyo es un trabajo de Tesis interesado en el sentido del olfato. Nuestra bibliografía corresponde a La etapa nasal" publicada por Galerna en 1992. Le continuó "El amor ciego. Raíces profundas de la adicción" publicada por Editorial Grafi-k y cuya versión puede encontrarla en mi blog: lchdelgado.wordpress.com. Asimismo recapitulamos y ampliamos con Graciela García, hace un par de años "La etapa nasal: Indicadores olfativos en la clínica y el psicodiagnóstico "texto al que puede acceder también desde el link del blog aludido. El portal www.genalrtuista.com.ar del cual somos colaboradores reúne algunos trabajos nuestros y puede aportarle otros elementos ya que se interesa especialmente por el olfato. Me resulta muy interesante su investigación relativa al autismo y le deseo el mayor de los éxitos. Cordialmente Luis Carlos H. Delgado."

Otro trabajo que me gustó mucho es una tesis de Bonadeo, Martín José

Odotipo: Historia Natural del Olfato y su función en la identidad de marca

"Las personas suelen hacer desde su lenguaje cotidiano alusiones a su condición química cuando utilizan frases como "cuestión de piel", "no hay química" o "algo me huele mal...".Bonadeo José

Esta tesis muy bien documentada y de gran trabajo de investigación, aporta desde una mirada que nada tiene que ver con el prisma neurológico, psicológico, sino lo hace desde la mirada de un publicista y como reivindica y pretende utilizar los aspectos del olfato vinculado a la comunicación humana.

Bonadeo, Martín José "Odotipo: Historia Natural del Olfato y su función en la identidad de marca"1a ed. - Buenos Aires : Facultad de Comunicación. Universidad Austral, 2005.

Las cualidades del olfato: si bien algunas ya hemos descripto, haré un resumen.

Todos los mamíferos o en su gran mayoría se valen de este sentido, como recurso vital, para acercarse a la fuente nutricia, buscar el futuro alimento, protegerse de los depredadores, elegir el mejor hábitat, elegir la mejor pareja, procrear, advertir peligros. Y la pregunta obligada es si realmente hemos dejado de ser "tan mamíferos", o a medida que nos hemos alejado del suelo hemos perdido la facultad del olfato, como lo dijo Freud.

La capacidad evocativa del olfato, en lo que a recuerdos y circunstancias refiere, como ningún otro sentido, puede llevarnos a ese mismo instante, ubicarnos en esa misma escena, y representarnos esa misma realidad.

La particularidad de tener neuromorfológicamente hablando, vías directas a zonas profundas de ambos hemisferios cerebrales, sin pasar por la estructura callosa, el hecho no menor que sea el bulbo olfatorio la principal estructura del "cerebro emocional" como lo describe Paul MacLean, y que este conjunto conforme el cerebro más primitivo de la evolución mamífero-hombre el rinencéfalo o arquiencéfalo.

El acto de oler, mete, dentro del organismo partículas del objeto olido, es decir introyecta la esencia del objeto, las partículas químicas del olor de la mamá, son parte de la mamá, partes objetivas, moleculares, esenciales. Y me detengo en esta última palabra esencia, la definición que recuerdo de mi profesor de filosofía del texto de Hopkins, durante la escuela media, esencia es lo que hace que la cosa sea eso, y no otra cosa. También utilizada en el idioma español, para significar un concentrado de olor. En términos psicoanalíticos lacanianos, como si al oler penetráramos o introducimos lo "real" de la cosa, y puesto que lo real no puede ser dicho, recurrimos a su representación, olor a... rosas, limón, azúcar quemada, etc.

Con todo si pensamos en el neonato, que al momento de nacer, tiene los sentidos "aturdidos", lo primero que hace y que lo liga a la vida es inspirar y con esta esta inspiración, toma del entorno próximo todas las partículas olorosas, imaginen, el líquido amniótico, la sangre, la mamá y antes sobre todo en las obstetricias modernas, el neonatólogo, y los puericulturistas que de mano en mano van pasando él bebe, hasta que llega finalmente al pecho de la mamá, a veces con buen tino, es una opinión personal, dejan el niño sobre el pecho de la madre mientras el obstetra recibe la placenta. De toda esta explosión sensorial, el olfato, estoy convencido es la más determinante y en ese preciso instante, él bebe comienza a significar los olores, y claro no tienen nombre, tampoco para nosotros, o sea que comienza a darle significado a lo no dicho y así, comienza a estructurar su psique.

Flora Chade, concluye que esta vivencia primaria y primordial de la experiencia olfativa se extiende hasta el cuarto mes, donde comienza la hegemonía de la experiencia visual a ser la organizadora, de este psiquismo.

Por lo que habla de una etapa oral-olfatoria previa.

Un hecho curioso también, es que cuando los estímulos sensoriales se "van" se va con ellos el que genera el estímulo, cuando la mamá, deja de tocar a su hijo, lo priva inmediatamente, de esta sensación, cuando le deja de hablar lo mismo y si escapa del campo visual del bebe, desaparece, mientras que lo que perdura de esta ausencia es el olor, y es que la mamá aunque físicamente ya no esté allí, sigue estando, dejó su impronta molecular su huella.

Autismo y Olfato, el chancho y la velocidad...

Esta asociación, debo confesar que si es mía, y hasta donde he podido investigar, no hay referencia previa, lo que sugiere dos cosas, o puede ser significativo o es un disparate total. Con lo cual corro con la doble responsabilidad. Como sea, es el meollo, la punta del ovillo, de donde comencé a modelar un constructo teórico para comprender el autismo y especular sobre su posible origen.

En lo que se refiere al olfato, he tratado de dejar establecido que tomo como posibilidad, el hecho que este sentido sea, el organizador primario del aparato psíquico. Lo que implica que entiendo al autismo como una "desorganización" a este nivel, (tampoco lo considero del todo una desorganización, pero eso lo veremos luego), pero no me aparto de la posibilidad de que se deba a un funcionamiento diferente del aparato olfatorio, y que esta causa puede ser genética, con lo que todas las posibilidades, epigenéticas, o genéticas, neuro funcionales o psicológicas, son válidas a la hora de posicionar una idea respecto del origen del autismo.

¿Cómo se entiende esto?, pues haré mención a un concepto que he tratado de introducir. Antes que la percepción, la representación, puesto que la percepción solo remite a la función orgánica de los sentidos, la representación no solo alude al estímulo percibido (conciencia) sino al concepto, idea que tenemos de lo percibido.

"La conciencia es la superficie del aparato psíquico, capaz de registrar la cualidades de los objetos, mediante su sistema percepción-conciencia, evolutivamente el último en la serie filogenética, tal como Freud lo formula en su descripción de la vesícula viva."

Flora Chade "Aportes para la comprensión psicoanalítica del olfato. La fase oral-olfatoria." Ed. Proa XXI, 2005.pag.27.

De este modo la representación es más completa en cuanto lo que queremos significar, ya sea empírica u abstracta, la representación es atreves de los sentidos, y como estos interactúan con los objetos, por fuerza de la voluntad.

"El mundo es mi representación": ésta es la verdad válida para cada ser que vive y conoce, aunque tan solo el hombre pueda llegar a ella en la conciencia reflexiva y abstracta, tal como lo hace realmente al asumir la reflexión filosófica. Entonces le resulta claro y cierto que no conoce el sol y tierra algunos, sino sólo es un ojo lo que ve el sol, siempre una mano la que siente una tierra; que el mundo que le circunda solo existe como representación, o sea siempre en relación a otro que se lo representa y que es él mismo." A. Schoppenhauer, "el mundo como voluntad y representación, Vol 1. Ed. Fondo de Cultura Económica , 2005.pag. 85.

Aquí, un uso extendido de la expresión "está en su mundo", cuando se habla de la aparente apatía de la persona con autismo o de su conducta exclusiva y abstraída. Pues no una expresión menor y guarda un cierto grado de verdad intuitiva. El mundo, único, representado por el sujeto con autismo, lo hace no convencional y en ese no convencionalismo, solo él propone, el juego de ideas y representaciones, necesarias para la comunicación, la particular percepción y el arbitrario modo de sentir y hacer.

No se trata entonces de un déficit en las funciones sensitivas, ni en una "mala" estructuración del psiquismo, se trata de una estructuración diferente, única, no convencional, la que permite en apariencia este mundo de representación única.

Como dice A. Schoppenhauer, nada es sino a través de los sentidos; aunque se confiesa platónico, Aristóteles dijo: nada en el intelecto, está, sino es por los sentidos.

Nada que tenemos dentro ingresa sino a través de nuestras "puertas" con el exterior (funciones sensoriales), gates, veremos que se mencionan a menudo, algunos autores proponen un déficit en estas puertas "gates" que, quedan abiertas o sin la posibilidad de "filtrar" estímulos externos, de tal modo que el sujeto con autismo no tiene más remedio que aislarse, para protegerse de esta invasión sensorial, así sobre este fundamento teórico, la Dra. Olga Bogdashina, en su libro "El autismo y los bordes del mundo conocido: la sensibilidad, el lenguaje y realidad construida" ed. Jessica Kingsley Publisher, 2005. Establece dos parámetros muy tenidos en cuenta en este trabajo, primero la experiencia de lo percibido, afecta la atención, la memoria, las formaciones conceptuales y la imaginación. Lo que entiendo en otras palabras la representación. Y segundo, la Dra. Bogdashina, propone que estas "gating" o puertas de entrada sensorial, no operan con un sistema de filtrado selectivo o tamiz, resultando en una experiencia abrumadora, para la persona que cierra este "gating" y por lo tanto teme abrir a una experiencia sensorial nueva o de aprendizaje.

Siendo además de psicóloga y lingüista, entiende la falta de convencionalismo en la comprensión y expresión del sujeto con autismo, como da más importancia la persona con autismo, a la comunicación no verbal, ya que el uso de la palabra lleva implícito el aspecto convencional, para su comprensión, formulación de

concepto-idea,   representación
expresada.

Tuve el enorme orgullo, de haber
intercambiado opiniones con la Dra.
Bogdashina, le resultó llamativo ¿por
qué yo había escogido solo el sentido
del olfato como abordaje de estudio?,
y estableció un aspecto que considero
importante, en relación a como las
personas con autismo "sienten"
(perciben), no poseen mayores
habilidades sensoriales, "sentir más o
mejor", sino es que no "pueden" con las
sensaciones percibidas las cuales los
abruman.

Dra. Olga Bogdashina, "El autismo y los
bordes del mundo conocido: la
sensibilidad, el lenguaje y realidad
construida" ed. Jessica Kingsley
Publisher, 2005.

Este principio teórico de "gates"
(puertas abiertas) sensoriales, he
encontrado que también ha servido de
referencia al trabajo de la Dra. Velleda
Cecchi, aunque lo toma de una
concepción previa, inferida desde el
psicoanálisis freudiano. Sobre todo de la

obra que mencionáramos antes "Proyecto de una psicología para neurólogos" Freud 1895.

Comenta en el libro de la Dra Velleda Cecchi , " Los otros creen que no estoy, Autismo y otras psicosis infantiles" ,el Dr. Valls: " Al Autismo lo considera una particular constitución del psiquismo, sostiene que hay una falla de protección antiestímulo (la protección antiestímulo psíquica, me refiero, no a la caparazón física que pertenece a la biología; esa la tiene, por cierto y es la única que el autista puede usar) que hace vivir en un plus de realidad no mediada, en un mundo traumático con predominio cuantitativo, del que solo se puede defender aislándose de la percepción; de ahí el autismo pues, al no haberse formado una buena barrera psíquica, debe usar otros medios de defensa deficitarios que no dejan subjetivar, lo convierten en un ser pleno de realidad lleno de dolor."

Velleda Cecchi, "Los otros creen que no estoy, Autismo y otras psicosis infantiles" ed. Lumen 2005- pag.8

Volvemos al punto donde psicología y biología, complementan con teorías, y dan explicación a lo fenoménico, en uno de sus aspectos más visibles, el aislamiento, la imposibilidad de comunicación, lo no convencional. Por ese motivo sigue siendo el término representación el que más apropiado encuentro, cuando quiero dar explicación a este trastorno.

Convencido de la coherencia de la Dra. Bogdashina, que no hay un modo "diferente de percibir en relación a lo cuantitativo" pero si se conforma un psiquismo no convencional, como interpreta Velleda Cecchi, a partir de lo que se percibe; el olfato, podría ser la llave del enigma. No quiero utilizar el término disnosmia o anosmia, para referirme a un modo único de percepción olfatoria y se me ocurrió la analogía con el daltonismo. Un olfato daltónico.

Analogía con un "Daltonismo para el olfato"

Cuando trato de expresar lo que significa un nivel de representación, o un modo diferente de representación, tomando como hipótesis que el organizador primordial del aparato psíquico es el olfato, propongo como analogía una especie de "Daltonismo para el olfato". Uno de los ejemplos, más clarificadores resultó de un texto de Oliver Sacks, "un Antropólogo en Marte" un libro bien referenciado a la hora de hablar sobre la comprensión del autismo de manera fenoménica. Hablando de un hombre que tras un traumatismo pierde la facultad de ver en colores....., tras este trastorno el sujeto llamado Sr.I, en el libro comienza a percibir el mundo circundante de modo diferente y explica no solo como se percibe sino como se representa el mundo circundante. Dice Oliver Sacks "...aceptamos las películas o fotografías en Blanco y negro porque son representaciones del mundo, imágenes que podemos mirar o apartarnos de ellas cuando queremos. Pero para él el blanco y el negro era una realidad todo cuanto le rodeaba,

360 grados, sólido y tridimensional, veinticuatro horas al día. Le pareció que la única manera en que podía expresarlo era creando una habitación completamente gris, para que otros la experimentaran, aunque naturalmente, señaló, el propio observador debería ir pintando de gris, a fin de formar parte de ese mundo y no ser solo un observador. Más que eso el observador tendría que perder, como le había ocurrido a él, el conocimiento neural del color. Era, dijo, como vivir en un mundo "moldeado en plomo".

Posteriormente dijo que ni "gris" ni "plomo" transmitían ni de lejos, como era realmente su mundo. Lo que experimentaba no era "gris", dijo, sino cualidades perceptivas para la que la experiencia ordinaria, el lenguaje ordinario, no tenía equivalente."

Sirve parcialmente como ejemplo, ya que en relación al olfato como en el ejemplo en relación a las "formas" y "dimensiones", no se trataría de un déficit sino de una directa representación diferente, desde la primer inspiración y los olores que esta conlleva, una experiencia a nivel representacional propia , no ordinaria.

Una nota de color que Oliver Sacks describe de este sujeto es la siguiente: "...Solo un sentido podía proporcionarle verdadero placer en esa época y era el olfato. El señor I, siempre había tenido un sentido del olfato agudo y de gran carga erótica, de hecho regentaba una perfumería y mezclaba él mismo los aromas...los placeres del olfato se intensificaron (o eso le pareció a él)..."

Oliver Sacks, "Un antropólogo en Marte" ed. Anagrama . "compactos" 2013, Pag. 31, 32, 33.

P

Percepción no representación

Quiero compartir una suerte de taller vivencial que realizamos dentro de un programa de formación continua, que realizamos con mi equipo en los consultorios, de Autismocba el 28 de Setiembre del 2013, colaboraron: Mariela Lancetti y Kathrin Seefeldt.

Taller: Percepción, propiocepció la NO representación.

Pasaron los participantes a la sala, con dos consignas claras, no poder emitir sonidos, ni gestos, ni hablar, seguir las indicaciones que se les dieran.

La sala, amplia desprovista de todo mobiliario a excepción de un columpio y un centenar de pelotitas de colores en el piso.

Se oyó la consiga en la voz de una mujer y en un idioma no conocido, duro y eutónico: "...sammeln gelben Bälle..., Gelbe Bälle haben gut riechen ", una y otra vez en el mimo tono, sin inflexiones, impostaciones, o gestos, nada solo la extraña sentencia.

El grupo se empezó a incomodar, a algunos se le habían vendado los ojos y a otros se le habían atado las manos, quedaron quietos y en el lugar donde se habían ubicado. Algunos parados, otros sentados, los que podían ver, observaban pero no atinaron a realizar más que pequeños movimientos, queriendo interactuar con el interlocutor, sin que diera resultado.

Esta actividad se extendió por unos 15 minutos al cabo de los cuales se invitó al grupo a pasar a otro ambiente, más distendido, se les sugirió no hablar de la experiencia vivida recientemente pero si podían relajarse y hablar de cualquier otra cosa.

Cuando las caras de los participantes volvieron a ser rostros "amables", se les pidió que respondieran dos preguntas, la primera:

¿Cuál fue la primera sensación que tuvieron, como se sintieron?

Respuestas:

☐ Me quise ir...

☐ Quise tomar de la mano al interlocutor y sacarlo fuera....

☐ Le hubiera dado una cachetada para que se callara...

☐ Me quedé en el columpio y me relajé disfrutando del balanceo, no veía nada y me dejó de importar...

☐ Traté de extender mi mano para comunicarme y me ignoró

☐ Me quede sentada y apoyada contra el rincón de la pared por que sentí que estaba más protegida...

☐ Me quedé pensando y me concentraba en entender lo que me quería decir...

☐ Escuchaba la puerta y los pasos y trataba de pensar que estaba pasando escuche una pelotita correr por el piso...

La segunda:

¿Cuál cree que fue la consigna, que se les estaba pidiendo?, la mayoría respondió: "algo que ver con las pelotas, Jugar arrojar o algo así…"

La traducción de lo que se les pedía era: "junten pelotas amarillas, las pelotas amarillas tienen buen olor…"

Conclusión:

Me impactó profundamente que todas las sensaciones referidas e inhibidas, corresponden a las "conductas típicas" que podemos encontrar descriptas de personas con autismo: irse, pegar, quedarse en un rincón, balancearse, hipersensibilidad auditiva. Lo que me llevó a pensar que son conductas que están en todos nosotros que pueden o no aparecer según el contexto, la no representación de lo que ocurre en nuestro entorno.

Aun cuando la mayoría dedujo que la demanda versaba sobre pelotas. La no representación, es decir la falta de concepto, idea, integración entre las capacidades perceptivas y conciencia, hizo que la respuesta a la demanda fuera nula, entender que se trataba de pelotas (y no, de juntar pelotas amarillas que olían bien), nos llevó a pensar que hubo un pobre nivel de representación, que se construyó a partir de un pequeño aprendizaje. En una habitación desprovista de todo, excepto de un columpio y pelotas, la consigna debería ser en función de estos dos únicos elementos, (percepción se veían y oían las pelotas) cuando el interlocutor tomó una pelota del suelo, automáticamente discriminaron a este objeto, de haber percibido que las pelotas amarillas olían bien (mejor nivel de percepción), la discriminación hubiera sido mayor, también mayor el nivel de representación, hubiéramos estado mucho más cerca del concepto, la idea, la consigna, independientemente del idioma.

Q

Quest...Primer autista

Recientemente me crucé con un párrafo de un libro que decía textualmente:"... Y a los nueve meses, el niño dejó espontáneamente de amamantarse de los pechos de su madre. Y al notarlo ésta y su padre, se admiraron de gran manera, y se preguntaron el uno al otro: ¿cómo es que no come, ni bebe, ni duerme, sino que está siempre alerta y despierto? Y no podían comprender el imperio de voluntad que ejercía sobre si mismo..."

Esta última parte me pareció de enorme fuerza y determinación, un sujeto de nueve meses que sorprende a los padres por el "imperio de voluntad" en un ejercicio que realizaba para sí, como pudiera prescindir del resto, del entorno, de los demás, de los más próximos, su madre, la teta, el padre;

poder doblegar al mismo tiempo, las necesidades más primarias de satisfacción, el hambre, el sueño, la sed, poder negarse del "afecto" de la teta su representación simbólica. Imperio de voluntad, imperio tirano, excluyente, cerrado, vuelto en si mismo.

Cualquier padre que pueda advertir esto en su hijo, o al menos alguno de estos síntomas, corre al pediatra, porque la "cosa no va bien", se "admira" y "no comprende", sabemos que algunos de estos síntomas están presentes en la conducta de niños autistas...

Lo que me llamó la atención es la antigüedad de este párrafo, que pertenece a un libro del siglo primero, que el niño aludido es un sujeto bien conocido por todos, que nunca se ha asociado a este sujeto como alguien que pudo ser "autista".

Develo el misterio entonces "Evangelio Apócrifo Armenio de la Infancia de Jesús" Cap. XII, párrafo 6", hecho relatado después de la circuncisión de Jesús, cuando fue llevado al templo de Jerusalén...

No soy de las personas que puedan llamarse creyente o religiosas, no obstante mi ánimo no es faltar el respeto a quien si lo es, no tiene ningún valor científico esta reflexión, ni pretende inferir nada respecto de la persona de Jesús, simplemente me resultó un hecho curioso que quise compartir, para ayudarnos a pensar el autismo, y como se puede manifestar.

R

Representación

Nos figurábamos en con un grupo de profesionales el valor representativo de la palabra, sin duda el representante representativo de la cosa; pero para el autismo este nivel de representación parece carecer de esta esencia. ¿Qué hacemos en un lugar donde no conocemos el idioma o lo que sería parecido no tenemos palabras?, recurriríamos a las señas, gestos y onomatopeyas, para pedir un café en un bar, quizás basta un pequeño gesto. Entonces hay algo que trasciende el significado propio de la palabra, hay una convención que otros, mas menos limitadamente, pueden entender o "significar", lo más importante antes que lo que decimos en palabras es lo que significamos con ellas. De allí que no tenga muy claro el uso, de técnicas donde el sujeto, solo repite sonidos vacíos de contenido o significación, pero que son "correctos" en términos de haber logrado que el niño hable y que "pida" en lo que entendemos sus necesidades. Sigue dándome vueltas esta "falta de convención" como lo prioritario, quienes apoyan la teoría de la mente, (teoría de Hobson: "... déficit emocional primario") su equivalente fisiológico, neuronas espejo, creo que definen esta imposibilidad de la persona con autismo para "interpretar" en rostros ajenos, gestos, entonaciones, sentimientos, modalidades del carácter o intencionalidades. Sin duda un mecanismo que incorporamos a la edad muy temprana de nuestro desarrollo, basta con leer "El primer año de vida del niño" de R. Spitz, como describe las reacciones del niño a los rostros durante el primer trimestre de vida. Entendiendo de alguna manera la "intención" de un rostro malo y uno sonriente.

Pienso de igual manera que lo que no se tiene en cuenta, respecto de las personas con condición autista, no es que "carecen" de esta facultad, sino más bien , se representan de un modo diferente, las significaciones, como si hubieran desde el mismo nacimiento incorporado no convencionalismos, para "observar" el mundo circundante, y en virtud de esto relacionarse.

Si por caso, naciéramos, en otro mundo, con seres inteligentes, de los cuales no podemos escapar siquiera a la idea de antropomorfismos, que van a responder a nuestro "concepto convencional" y nos veríamos tentados a imaginarnos seres con ojos grandes, ¿Por qué?, de cuerpos antropomórficos y cabezones, ¿Por qué? Si fueran completamente diferentes y tuviéramos que vivir entre ellos, y aún con nuestros sentidos intactos, y nuestro coeficiente intelectual, vamos a suponer, similar (es inútil una valoración en este sentido quizás por las mismas razones de mi argumentación), seríamos sin duda completos autistas a sus ojos. Toda nuestra convención para hacernos entender sería inútil, y aun cuando nos proveyeran cuidado, para alimentarnos y abrigo, la comida no nos mataría ¿pero sería de nuestro agrado?, el abrigo sería ajustado a nuestra necesidad y medio interno, ¿nos gustaría la textura del género? O ¿el color, o, el olor?, ¿serían las horas de descanso las pretendidas por ellos o las que necesitaría realmente? Aun cuando lograra sobrevivir, porque estos seres serían muy "cuidadosos" conmigo, sería una persona angustiada y "encerrada" en mi mundo, solo con gran esfuerzo podría ir resignificando algunas cuestiones, desandar un camino aprendido para aprender uno nuevo, el desafió será antes que hablar (suponiendo que en esta sociedad se usara algún tipo de lenguaje), apropiarme de los convencionalismos, para poder significar, necesidades, gustos, sentimientos. Aun cuando adquiera estos elementos, sería un ser con una condición "particular". Con habilidades, formas, y modos de representación del mundo que me rodea únicos.

Esta "imagen" en cuanto a su sentido, es referida por Temple Grandin, cuando dice que se siente como "un antropólogo en marte", frase que da origen al título de la obra de Oliver Sacks "Un antropólogo en marte".

Creo que la puerta sensorial, el gating, para representarnos el mundo de manera convencional, según se estructura nuestro psiquismo, como un andamiaje donde emociones, sensaciones y niveles de conciencia, se sostienen equilibradamente, corresponde principalmente a la función olfatoria. Silenciosa función y subjetiva, no tenida en cuenta, quizás porque la llevamos enfrente de nuestras narices.

Valdéz – Ruggieri (comps), "autismo, del diagnóstico al tratamiento" Ed. Paidós, 2011 Pag.35.

Spitz "El primer año de vida del niño" Ed. Aguilar,1974 – Pag.19.

Respecto de la representación y su relación conceptual con el autismo, he encontrado solo este trabajo de investigación excelentemente documentado del Dr. Calzetta, en

relación a la representación dice "...
Esta noción (representación) adquiere
sentido en relación a la intención de
Freud –sin duda aún vigente- de
conceptualizar una psicología que no
pierda el vínculo con su sustrato
biológico, y que excluya la referencia a
la consciencia como característica
diferencial de lo psíquico.

El texto arriba mencionado contiene
modelos que –como se dijo-conservan,
aún hoy, actualidad y eficacia
explicativa. Por ejemplo, se considera
allí la forma en que se constituye la
huella mnémica de la vivencia de
satisfacción primigenia; es decir, el
modelo de una representación
primordial, que incluye los movimientos
de descarga del sujeto como parte del
registro de memoria de tal experiencia
fundacional." Representación y trauma
en el autismo. Juan José Calzetta
(Universidad de Buenos Aires P028,
programación científica 2004-2007).

"El protocolo de diagnóstico
internacional del autismo que va a

aprobarse próximamente, el DSMV, pretende hablar de disfunciones sensoriales en el autismo y yo defiendo que debe hablarse de diferencias sensoriales. Ellos huelen, oyen, ven, escuchan y sienten en su piel de modo diferente a nosotros." Olga Bogdashina

Cuando hablamos de "mundo" en sentido amplio, hablamos de todo cuanto está en nuestro entorno, lo sustancialmente percibido y lo representativamente afectivo o emotivo. El árbol del patio en la casa de mis abuelos, el olor a mermelada de naranja en los desayunos de verano, la sensación de sudor por las noches y sus ruidos. No son otros sino esos que evocamos de manera representativa y precisa, lejos de cualquier otra experiencia similar, no habrá otro árbol, otra mermelada, otro sudor otras noches, más que aquellos recuerdos que se nos representaron, de modo particular.

De tal manera el mundo representado, del sujeto con autismo, depende como es claro, de sus funciones perceptivas, pero lejos de ser estas diferentes en un sentido de función (hipo-híper), son los mecanismos representativos los que, son diferentes.

¿Qué es primero?, sin duda el acto perceptual antes que el objeto mismo, y el primer "objeto"...YO. (A. Schopenhauer)

"El uso del YO (por aquello que las personas con autismo se refieren a ellos mismos en tercera persona), NO obedece a la falta de un YO, sino al concepto literal de cómo fueron aprendidas las sentencias" (Olga Bogdashina- hablando del uso sensorial de la palabra, Los Cabos, Baja California –México -2014)

Aquí la segunda especulación hipotética, podemos decir la más intuitiva, sin que por ello carezca de valoración empírica, sobre todo basado en la observación y análisis clínico, además de la interpretación teórica de los fenómenos.

¿Qué sentido es el primero en involucrase en acto perceptual, por ende define el modo representacional del sujeto?; tengo la convicción que es el olfato.

Por lo tanto, y según teorías que han servido de respaldo a mi trabajo, como la experiencia personal, sería el olfato el principal organizador del psiquismo.

El principal "ordenador" de nuestras representaciones.

En tal caso, lo que llamo de una manera figurada para explicar un modo diferente de olfación, "un daltonismo olfatorio", devendría en un modo particular y único de representación y se manifestaría por lo que entendemos como Condición del Espectro Autista.

S

Special

Se preguntaron ¿por qué los fuegos artificiales despiertan en casi todas las personas, sentimientos que van desde la curiosidad hasta el llanto emocional? Lo cierto es que hay tantas respuestas como variables hay en la física, que permite que el cohete dibuje tal parábola y trayectoria para que arbitrariamente explote disparando miles de estrellitas multicolor.

Podrán decirme que los componentes químicos del cohete al incendiarse producen colores, algunos más precisos harán una minuciosa descripción de los distintos químicos y minerales (óxido de zinc, nitrato de potasio, cobre, etc.) Algunos con suma minuciosidad me dirán la cantidad exacta de pólvora, para determinar el alcance del proyectil o su trayectoria, y los habrá más precisos aún, que explicarán la disposición en el cohete una compleja arquitectura de celdas y tabiques para permitir una secuencia y dispersión determinada.

Química, física, arquitectura, ingeniería, diseño... ninguna de estas ciencias explican lo que despiertan en mí y en muchos otros, los fuegos de artificio, ninguna explica por qué, no hay dos manifestaciones de color exactamente iguales, pese a que se pueden replicar con rigurosa exactitud los diferentes componentes.

Recientemente leí: "... el circuito meso-cortico-dopaminérgico es activado por péptidos (oxitocina – vasopresina) que promueven el rango de conductas sociales e integración social (Insel y Fernald 2004) Incluso se han reportado bajos niveles plasmáticos de oxitocina en niños con autismo.(Modhal , el. al.; 1998)" Daniel Valdez, Victor Ruggeri, "Autismo, del diagnóstico al tratamiento" (comps.) Capítulo : Bases neurobiológicas de los trastornos del espectro autista. Pag167. V. Ruggeri. Ed. Paidós 2011.-

Explica con detalle y la misma minuciosidad con la cual podemos estudiar un cohete de artificio, un fenómeno (como aquello que se manifiesta), sin que me explique que siento frente a un sujeto con autismo, no hay dos sujetos iguales, y cada uno tiene su única e irrepetible manifestación de color.

Dividir, analizar, pesar, medir, diseñar, proyectar, no explican la "magia", las personas necesitamos de "magia", cada vez más, no todo debe ser explicado, menos cuando nos vinculamos con personas.

T

El muchachote tosco, risueño grandote, "fuerte", hiperactivo. T venía en compañía de sus padres y un hermano que en antítesis, era de pequeño tamaño, "débil", tranquilo, parecía que sin proponer se sumaba a las actividades "locas" de su hermano mayor.

Transcripción del registro de la primera entrevista :

T, se presentó con una mirada vivaz, inquieto, curioso, en la entrevista, busco "un lugar" para jugar con su hermano menor y nos deja solos en compañía de sus papas, F y V, papás muy comprometidos preocupados y ocupados por T. De la entrevista surgen tres aspectos que unen las necesidades de la familia con el modelo propuesto. Primero: atento a que los papas manifiestan "necesidad" de ser escuchados y contenidos, en esta situación de crisis, sintiendo ambos responsabilidad y culpa, es que se contempla el comienzo de terapia psicológica para ambos. Segundo: Analizando los antecedentes y comienzos de este período de crisis de T, tomando como base que el joven estaba bajo medicación (psiquiátrica) y fue suspendida repentinamente hace cuatro meses, se sugiere una interconsulta con Psiquiatría, a los fines de determinar consecuencias y restablecer esquema terapéutico farmacológico, que permita reorganizar al sujeto para habilitar otros tipos de abordaje, prescindiendo luego de la medicación si fuese necesario. Tercero: Acompañar a E desde un abordaje relacional, tomando en cuenta la particular capacidad del niño para realizar praxias de modelado (3D) y la construcción de video historias, buscando recursos que permitan, mejorar las condiciones de relación y flexibilidad, para disminuir lo que se consideran patrones frustración, aumentar los niveles expresión, promover las actividades de vida de relación fundamentalmente las que refieren a la familia propia.

Supervisando, el desempeño escolar y la relación con sus pares.

¿Por qué, un niño es medicado con anti psicóticos?, esta pregunta es la que siempre me hago; quienes me conocen saben de mi negativa a este tipo de tratamientos, nunca he visto real impacto o mejoría en la condición de los niños; por el contrario veo como sus cuerpos y salud se deterioran y como los abandona la voluntad, convirtiéndolos en personas enajenadas, cada vez más alejadas de todos y todo.

Para el caso de este niño, los padres al ver que su hijo no estaba mejor sino por el contrario "explotaba" irascible, y había aumentado su frustración ante cualquier tipo de evento cotidiano por más insignificante que pareciera, optaron por suprimir de modo inmediato la medicación, como sucede con algunos casos la suspensión del fármaco produce un efecto adverso en la conducta ya deteriorada, colocando a la persona, en situación de desorientación y poca capacidad para responder en consecuencia o manejar determinados impulsos de modo consiente.

Cuando comencé a trabajar con T, recuerdo su carácter rudo, imperativo y tirano, proponía juegos con reglas muy establecidas y arbitrarias que debía seguir al pie de la letra. Reglas que nunca me permitieron ganar en ningún caso, si llegaba a "salirme" de la regla, el "castigo" la "sanción" era tan severa, que a menudo debíamos comenzar de nuevo o cambiábamos de juego. No tenía chance al error; por otro lado sus errores eran fácilmente "justificados" dentro del juego con la creación de una nueva regla, que le permitía continuar.

La conducta en este caso tuve que analizarla de modo paradojal, por un lado apegado a las rutinas, reglas sumamente rígidas, inflexibilidad (conductas que pueden encontrarse en las fenotípicas de la condición autista) y por otro lado una capacidad para cambiar los modelos propuestos ejerciendo una tiranía propia, de quien distorsionando la realidad la acomoda a su beneficio, sosteniendo un principio de certeza en sus actos que cuando menos podrían ser interpretados como psicóticos.

Cierta vez acomodaba pinos de colores de un juego de boliche que tenía en el salón, y sistemáticamente los ordenaba en semicírculo en lugar de la forma triangular y tradicional, en relación a un patrón específico para cada color, que podía replicar exactamente una y otra vez, lo consideré una conducta típica autista, en mis anotaciones copie el orden en que acomodaba los pinos. Esperé la semana entrante y le propuse jugar con los pinos a lo que accedió, cambiando totalmente el patrón según lo había ordenado; le repliqué, ¿T, que sucedió con el orden de los pinos? ¡Han cambiado!

- Claro, yo hago las leyes de este juego y ahora son diferentes.

Con las manos y la modelación de objetos en tres dimensiones era un experto, con gran facilidad , creaba figurillas que el denominaba "alienígenas", constituían en su mayoría figuras de unos ocho o diez centímetros de largo que representaban ensambles morfológicos complejos, por una parte cuerpos de culebras, lagartos o peces, con cuidadoso detalle de escamas y aletas o garras, alados y con cuernos, todos con sumo detalle de sus pequeñas proporciones y exquisitamente coloreados y esmaltados, estos "alienígenas" constituían los personajes en la trama de complejas historias, mitológicas y de súper poderes que se le atribuían a cada figura, interactuaban en batallas y luchas feroces; y eran por él editadas en videos (que realizaba con una cámara digital sencilla) de tres a cinco minutos de duración que guardaba para verlas y recrear a partir de estas otras historias. Que representaban en conjunto una especie de mini saga.

Por lo que se me ocurrió comprar plastilinas, en lugar de la tradicional "porcelana fría" que siempre había utilizado, fue incapaz de modelar algo, la textura le represento un problema como el olor, recurrimos de improviso al barro para cerámica con idéntico resultado de frustración, como hubiera sucedido con un autismo clásico, la especificidad de los materiales y la discriminación sensorial en su selección eran un factor determinante para su obra creadora.

La frondosa imaginación, la capacidad para razonar de modo abstracto, el principio de certeza con el que imponía sus modos, la comunicación que no representaba un problema en su comprensión y expresión, me mantuvieron en un ejercicio permanente de observación, ya que en si estás no representan características autistas, sino más bien son expresiones contrarias a la condición.

Después de seis meses, de trabajo con T; cuando hubo de pasar por todo el proceso de desmedicación psiquiátrica, esta vez con supervisión médica; T se había transformado en un niño más tolerante a la frustración, admitía de buena gana cambios en sus flexibilidades y aunque "perder" era un tema que resistía enfrentar, poco a poco se hizo menos competitivo respecto de él mismo y los demás.

Los Padres de T, se comprometieron y cambiaron algunas dinámicas familiares en orden de roles y modalidad laboral; esto fue fundamental en el cambio de actitudes de T.

Trabajamos un año en total hasta su "alta", un año sin poder diagnosticar a T... y sin la necesidad de ello.

U

Unbelive... No todo debe ser explicado

Pese a que pudiera parecer un aspecto contradictorio respecto de lo que debe motivar a un investigador, juzgo exactamente lo contrario. Respecto del autismo tenemos una tendencia natural a dar explicaciones a todo cuanto se manifiesta y "forzar" posibles causas etiogénicas, esto me ha servido para descubrir en aquellos que sosteniendo un constructo teórico o epistemología particular, dejan abierta las posibilidades a otros enfoques. No perdamos de vista que nuestro objeto es un sujeto, y cada persona en su particularidad solo se explica a sí misma, y apenas si podemos conocerla un poco.

V

El Buen Tipo

Me gusta pasar el tiempo junto al vidrio, del otro lado esta él, lo conozco bien, cuando estoy mal hablamos y me levanta el ánimo. Tiene un rostro tranquilo parece un poco intelectual, aunque los dos sabemos que no terminó el secundario. Tiene un hijo pequeño y la mujer lo ama, un trabajo estable y un hogar debo decir que lo envidio mi vida es muy distinta. Estoy deshecho hoy hice muchas cosas estúpidas y la policía me vendrá a buscar, quizás sea la última oportunidad que tenga para hablarle, debo despedirme.

Me observa poco, tímidamente levanta la mirada al contestarme, un par de veces miré sus ojos y me repetí en ellos infinitamente. Lo quiero es buen tipo, no como yo que desconfío de todo el mundo. Tengo que despedirme, pero, ¿Qué le digo? Bueno, si lo pienso bien en él podría confiar, al fin de cuentas siempre fue sincero conmigo. Se va a poner mal, no tanto como lo estoy yo ahora.

☐ Hola – sonó un golpecito seco en el vidrio con los nudillos desnudos y la mano sudorosa.

☐ Hola, te ves mal... mucho peor que la última vez.

☐ Hoy es la última vez, ya no volveremos a vernos.

☐ Eso me dijiste las últimas cuatrocientas veces.

☐ No, esta vez es como te digo, cometí muchos errores irreparables, la policía vendrá por mí, y se acabó todo.

☐ ¡Vamos! Con voz la cosa no se acaba nunca y tampoco conmigo – se sonríe- acá voy a estar siempre que me necesites.

☐ Sos, buen tipo.- cómplice le devuelve la sonrisa.

A unos pocos metros en la misma habitación... dos fulanos, grotesco, blancos.

- mira, mira, se está riendo.

- no, le está haciendo muecas al espejo.

- no, te digo, que se está riendo.

- déjate de macanas, llévalo al cuarto. Voy a quitar ese espejo, así no se pasa horas, enfrente, mirándolo.

W

Llamaron a la puerta y al tiempo que me asomaba por el visor, una silueta de mujer corría a un auto estacionado en la calle, me quedé observando, porque no entendía aquello.

La mujer entró al auto y me dispuse a seguir con mis actividades voltee y me dirigí al consultorio no acabé de trasponer el umbral de la puerta cuando otra vez golpearon la puerta de la calle, volví sobre mis pasos y me asomé nuevamente por el visor.

Acto seguido se repetía la escena esta vez con grito de la mujer, "espere por favor...", entonces esperé, esta vez abrí la puerta para observar con más detalle, la mujer corrió al auto, ingreso al interior y pude advertir que volteaba su cuerpo al asiento trasero, medio cuerpo gesticulando y tratando algo con un joven, no superaba los 15 años.

Me acerque al automóvil y cuando la mujer advirtió mi presencia solo decía apenada "discúlpeme, discúlpeme", al tiempo que trataba de cubrir la desnudez del niño que estaba en la parte posterior recostado en los asientos.

- Él es W, siempre que salimos en automóvil, hace lo mismo, se desnuda y toma sol, las puertas solo se abren desde afuera por seguridad y ahora no solo no quiere bajar sino que no quiere vestirse. Así fue la presentación de W.

Luego de entender la situación la animé a que no sintiera pena, por la desnudez del joven, en ese momento mi sitio de consulta se encontraba retirado de la ciudad, una casa en las sierras de Córdoba Argentina, con mucha tranquilidad difícilmente alguien pasaría por ese sitio y sería testigo involuntario de un hecho que podría habernos apenarnos a todos. Bueno W no tenía mayor inconveniente con desnudarse.

Comenzamos a platicar allí mismo, y el frente del auto sirvió como asientos improvisados, para la mamá y para mí mientras W seguía con mucha atención la charla desde el interior.

La mamá mostraba una ansiedad particular, no sé si desencadenada por la situación previa, siempre me costó llevar a cabo una charla cuando quien pregunta ya tiene la respuesta y la asume como inequívoca, con lo cual el diálogo suele transformarse más en una escucha de "contención catártica" que en una consulta.

Con todo, las situaciones para los padres parecen siempre ser extremas y las de peor panorama, imaginen ésta, donde el "problema", se podía decir que había llegado hasta la misma consulta "desnudo", así para que fuera testigo y no dudara en lo sucesivo de cuanto tuviera para argumentar la madre.

Recuerdo como empezó, cuando intentó exponer su necesidad; "me han hablado muy bien de usted, necesito que realice acompañamiento de intervención conductual, dos veces por semana con mi hijo que está en un programa Son-Rise..., a propósito si usted pudiera tomar un workshop entendería de que se trata".

Tuve que explicarle que si sabía de qué se trataba Son-Rice Program, por qué no desarrollaba ese programa, por qué no utilizo técnicas cognitivos conductuales, ni ABA, y que no iba a tomar el workshop que me había sugerido. Todo sin herir susceptibilidades, porque cabían en aquel relato una serie de contradicciones y una cantidad de información que pude advertir la habían alejado de la posibilidad de comprender la condición autista de W. Por el contrario la habían, mal empoderado en las formas en que debía acercarse a W y las decisiones que sobre W debería tomar.

Los padres, siempre deben ser padres y los terapeutas, terapeutas. Aunque los padres deban elegir, con autoridad y potestad, el que consideren mejor tratamiento para sus hijos y a menudo, o de manera constante, se involucren en la tarea de acompañarlos (terapéutica) , siempre deben ser padres y no deben asumir la "dirección" del tratamiento.

Creo que esta mamá se retiró un poco decepcionada, no esperaba un NO como respuesta a sus requerimientos y no permitió el espacio para "escucharse" y escuchar; curiosamente siguió insistiendo y llamándome creo en la esperanza que accediera a sus pedidos de hacer el "workshop".

X

Diagnóstico en el autismo,

El síndrome del Dr. House , Hansel y Gretel

El diagnóstico siempre me ha resultado un aspecto incómodo de la práctica profesional, de hecho una de las cuestiones en las que más reflexiono, y siempre hay alguna persona que hecha un poquito de luz a mi modo obtuso.

Leticia Colina es mi "maestro", una de los pocos maestros que he incorporado a mi vida, no por los aspectos académicos y erudición, que Leticia no necesita ostentar porque ya le pertenecen, sino porque estos maestros son de quienes más aprendo en todos los órdenes de mi vida, y por ventura con quienes no necesito coincidir en un todo, lo que me permite seguir creciendo.

Como les comentaba, el diagnóstico siempre representó un aspecto incómodo del devenir profesional, y siempre cuestioné el para qué y el para quien... Leticia Colina, me reprendió, "los padres necesitamos un diagnóstico, no podemos quedarnos sin nada", y comencé a replantear mi postura.

Sigo pensando que el diagnóstico interpela el alter ego del profesional, "descubrir", "interpretar" un síntoma, y dar "nombre" al fenómeno, lo empodera, y el poder es el arma más proclive para los diferentes abusos. El paradigmático Dr. House, con su agudeza intelectual, la enorme capacidad deductiva y de relación, y la enorme dificultad empática entre la relación terapeuta – paciente; nos asombra y admira, quedan estos aspectos groseros, y soberbios de la personalidad de House, "justificados" por la certeza e inapelable "sentencia diagnóstica".

https://www.youtube.com/watch?v=h-i781SzBXs

(House habla de un niño diagnosticado con autismo)

Diagnosticar, sin acompañar no es terapéutico, diagnosticar implica empatizar con el "dolor" que puede estar causando la "noticia", es tener en cuenta al otro que está perdido, que necesita apoyo, no un golpe que lo empuja a un abismo de incertidumbre, dudas, miedos y dolor, nada a que aferrarse.

" ... el diagnóstico, es el comienzo de lo que constituirá una condición de vida de la persona..."

Dra. Judith Gould

¿En tanto que significa el "diagnóstico autista" para el profesional que tiene que elaborarlo?

Llegar a un diagnóstico es poder llegar a un lugar conocido, en el cuento de Hansel y Gretel; Hansel a fin de no extraviarse camino del bosque, para llegar a su casa, utilizó migajas de pan que fue esparciendo a lo largo del camino para luego recogerlas una a una, volviendo sobre sus pasos , a fin de llegar a ese lugar conocido que era su casa. Podría haber recorrido el camino del bosque como sus padres y hubiera prescindido de las migas, hubiera reconocido en el entorno las referencias que al aparecer mientras se transita (un árbol, una piedra, una loma, un arroyo etc.), serían las guías para regresar. Las migas de pan representan, los test, las pruebas, las diferentes baterías que realizamos para diagnosticar el autismo.

Una miga sola no me dice donde ir, serán una sucesión de migas las que me llevaran a casa, y una sucesión de migas en un camino que debo transitar a fuerza. Una prueba aislada es inútil no me lleva a ningún lado, no puedo diagnosticar el autismo con la aplicación descontextualizada (fuera del camino) de una prueba, una migaja.

Muchos profesionales, aplican de modo automático una de tantas pruebas, sin haber estado nunca en el bosque. Recogen una sola migaja. A menudo estos diagnósticos, pierden a los padres, son inconducentes.

Hay otros profesionales, que creen conocer el bosque, sus referencias y explican muy bien que es un árbol, un arroyo una piedra, pero son incapaces de transitar el camino, por miedo o por desconocimiento. Estos diagnósticos también son inconducentes, por el valor real de poder "llegar" está en el camino mismo y atreverse a transitarlo.

Otros, los menos, son los que conocen el bosque, reconocen una piedra, un árbol, un arroyo, pero si encuentran una miga le recogen la comparan con las demás referencias, pueden prescindir de alguna miga si se la come algún ave, pueden incluso perderse, pero vuelven sus pasos a los lugares conocidos, preguntan consultan como llegar desde allí, se vuelven a aventurar y transitan.

A un diagnóstico se llega en el tiempo en que debe llegarse, ningún camino es tan corto, ninguna migaja aporta tanta información, ningún árbol es tan diferente en un bosque, para que lleguemos de manera inmediata. Los diagnósticos son un camino arduo, de investigación de estudio y de apertura. Siempre con la convicción de que no hay certeza, que los arboles aunque los conozca se parecen, también las piedras y los arroyos, que las migas pueden ser comidas por aves y que perderse, no es lo ideal pero es una posibilidad, y solo quien asume estar perdido, tiene la humildad de consultar, y la valentía de volver a transitar.

El que no puede asumirse perdido, llega a la casa de chocolate, con la ilusión de haber llegado a la verdad, se engolosa, se deslumbra, engorda el ego, cree haber "descubierto" algo nuevo, y se lo come la Bruja. El diagnóstico es llegar a un lugar conocido, no es descubrir nada, diagnosticar autismo es reconocer la casa de Kanner.

Transitar el diagnóstico me permite saber donde estoy perdido y como planificar mi regreso, no es llegar, es comenzar, el profesional no puede hacer del diagnóstico la práctica terapéutica, la terapia es compañía, el diagnóstico es una parte importante del tratamiento, pero no es el tratamiento. Nos permite ubicarnos en el terreno, definir un piso, no determinar un techo, creo en el desarrollo continuo de las personas. El diagnóstico no debería ser motivo de sentencia y determinación. Insisto en la premisa, el diagnóstico es el inicio.

Y

Ya valió...

No diagnostique a su suegra

Cierta vez, cuando aún era novio de mi ex mujer, había viajado a Santiago del Estero, para presentarme formalmente ante mis futuros suegros. Con los nervios propios del caso, ellos se encargaron inmediatamente de hacerme sentir cómodo.

Lo que me llamó la atención, fue una ligera cojera en la pierna de mi futra suegra, que se hacía más evidente cuando se desplazaba de un lado a otro.

Como es de suponer no me anima a preguntar al respecto, así que continué observando al tiempo que realizaba un pequeño análisis y conjeturas diagnósticas.

Llegué a la conclusión de que aquello debía ser un traumatismo o esguince de tobillo.

Espere pacientemente que se hiciera un claro en la conversación que manteníamos todos y que hubiera un espacio para que pudiera comentar por lo bajo, a la que fuera mi mujer:

- ¿Qué le sucedió a tu madre?

- ¿Por qué lo preguntas? – me respondió sorprendida.

- Camina mal – respondí – es algo que a simple vista puedes ver...

- No me parece, que sepa no le ha sucedido nada.

Como ese no era el momento para demostrar en que detalles de mi observación, había basado mi diagnóstico, deje pasar la situación...

Luego me entere de que mi futura suegra había sufrido un traumatismo cuando tenía nueve años de edad, y consecuencia de aquello la correspondiente secuela.

Era razonable entonces que mi ex mujer no notara nada extraño, pues no había conocido a su madre de otra forma, y aquel pequeño defecto en la marcha era para toda la familia, el modo natural que tenía mi futura suegra para desplazarse.

Dos elementos de esta situación me llevaron a reflexionar:

- ☐ Lo que puede ser para un profesional, la limitación de un paciente no lo es para el paciente en su vida cotidiana.

- ☐ Hay dos, miradas respecto del paciente, la que tenemos como profesionales y la que tiene la familia sobre esta persona.

Esto me lleva a considerar la posibilidad de haberme equivocado más de una vez al emitir un juicio diagnóstico, no habiendo tenido en cuenta la historia del paciente y las necesidades reales del mismo.

Por otro lado, ¿ cuantas veces invadimos la intimidad del paciente, al querer ir más allá de la demanda real por la cual somos consultados?.

Cuando hablamos de discapacidad, el tiempo de conocimiento de los integrantes de la familia, de cómo interactúan con el paciente, de cómo lo ven, es esencial para formular un correcto diagnóstico.

Muchas veces recibimos en nuestro consultorio, familias que parecen minimizar la problemática del paciente, o el motivo de la consulta obedece a un hecho trivial y sin importancia en relación con la patología de base.

Esto es porque la familia ha "aprendido" a vivir con la patología, cuando esta convivencia es funcional y dinámica, en el menos de los casos no hay problemas, otras en cambio de algún modo también se discapacitan....

.... Recae en las familias, a veces, un sentimiento de culpa, porque creen no haber podido advertir, que además del babeo, su hijo tenía problemas con el tono muscular o problemas con el desarrollo...

... como profesionales no deberíamos limitarnos a realizar un prolijo diagnóstico, sino además deberíamos poder reconocer las limitaciones de estas familias, trabajar sobre estas limitaciones para ampliar el campo terapéutico...

Hace dieciocho años escribí este artículo, y fue publicado en una revista institucional así tal cual, lo bueno de revisarlo es que asumo que he cambiado profundamente el concepto y la idea que tengo respecto de realizar "diagnósticos", ni buenos ni malos, en la actualidad los considero inútiles. He comenzado a sospechar que nuestra función como terapeutas, no es tener por objetivo "la cura", para ello se necesita un "diagnóstico" sino acompañar, para ello se necesita "conocer". Por eso si hoy me entrevisto con algún padre, le digo "... no me pregunten que tiene... les tratare de contar quien es..."

Z

Zoom ...aclarando que oscurece.

Debo hacer un paréntesis, ya que considero que el sujeto posee vida psíquica y que esta se comienza a estructurar inmediatamente después de que el sujeto se transforma en sujeto-objeto de relación. Y es un otro, como lo dice Freud en su trabajo," proyecto de psicología para neurólogos", el primer sujeto-objeto con quien se relaciona, y es por ese otro que se constituye, o se confirma. En esto coincido con la Dra. Velleda Cecchi quien ya he mencionado, Freud lo dice antes que Lacan, y me atrevo a sospechar que antes que Freud y aunque no haga una mención específica de esto, el concepto que influenció el pensamiento filosófico-freudiano, vine de la obra de A. Schoppenhauer, "El mundo como voluntad y representación", que he tomado como base de análisis filosófico y epistemológico, para mi constucto teórico.

"En la sociedad humana, en todos sus niveles las personas se confirman unas a otras de modo práctico, en mayor o menor medida, en sus cualidades y capacidades personales, y una sociedad puede considerarse humana, en la medida en que sus miembros se confirman entre si..." Martin Buber

"No podría idearse un castigo más monstruoso, aun cuando fuera físicamente posible, que soltar a un individuo en una sociedad y hacer que pasara totalmente desapercibido para sus miembros..." William James.

Debía hacer esta aclaración, ya que muchos investigadores sobre todo los que desarrollan sus argumentos teóricos desde la neurociencia, no admiten la posibilidad de una estructura psíquica. Quizás tengan razón, pero a la luz de que, por ventura, no tenemos todas las respuestas, es que creo en la "magia", y si bien "creer" esta por fuera de todo esquema empírico, propio de la investigación formal, me tomo graciosamente estas licencias de investigador independiente, mientras la neurociencia trate de explicar con rigor científico y empírico, ¿por qué los sujetos, se enamoran?, o, ¿por qué la sonrisa de un niño es contagiosa?, están obligados al menos a establecer un interrogante. Yo le llamo, "magia".

"La magia es la ciencia aun no descubierta". Arthur C. Clarke

De igual modo mi trabajo transita por los grises que amalgaman una postura y otra, de esta manera propicio un modo integro de comprensión, y aunque reciba duras críticas (eso sería genial), nadie podrá decir que no lo intenté, quedar bien con Dios y con el Diablo...

Referencias y Bibliografía

A. Schoppenhauer, "el mundo como voluntad y representación, Vol 1. Ed. Fondo de Cultura Económica , 2005.

Bonadeo, Martín José "Odotipo: Historia Natural del Olfato y su función en la identidad de marca"1a ed. - Buenos Aires: Facultad de Comunicación. Universidad Austral, 2005.

Calzetta, Juan Jose "Representación y trauma en el autismo". (Universidad de Buenos Aires P028, programación científica 2004-2007).

Daniel Valdez, Victor Ruggeri, "Autismo, del diagnóstico al tratamiento" Ed. Paidós 2011.-

Flora Chade "Aportes para la comprensión psicoanalítica del olfato. La fase oral-olfatoria." Ed. Proa XXI, 2005.

Freud S."Obras completas" Ed. Orbis S.A. Vol.2, ensayos VII-XVI Proyecto de una psicología para neurólogos.

L.I.S (Laboratorio de Investigaciones Sensoriales) CONICET-Extración y modelación de los parámetros prosódicos para el análisis, síntesis y reconocimiento del habla. Informe Anual XLII- 2009 – ISSN-0325-2043.

Mayer-Gross, Slater, Roth "Psiquiatría clínica, Ed. Paidos Vol.3 1958.

Olga Bogdashina, "El autismo y los bordes del mundo conocido: la sensibilidad, el lenguaje y realidad construida" ed. Jessica Kingsley Publisher, 2005.

Olga Bogdashina, Psicóloga y lingüista,Profesora: Lingüista y doctora en Psicología, es profesora en la Universidad de Birmingham, en Reino Unido. Autora: Ha escrito 'Percepción sensorial en el autismo y Síndrome de Asperger' (Ed. Autismo Ávila), entre otras publicaciones. Directora: Dirige la primera escuela para niños con autismo en Ucrania.

Oliver Sacks, "Un antropólogo en Marte" ed. Anagrama . "compactos" 2013.

Paul Watzlawick, Janet Helmick Beavin, Don D. Jackson Ed.Herder, 1989

Teoría de la comunicación humana

Rivera Amarillo Claudia Patricia, Aprender a mirar el discurso sobre el autismo, Tesis, Dpto.Antropología , Universidad Nacional de Colombia. Mayo 2003.

Sally Bloch-Rosen, Ph.D. (8 Abril 1999- Artículo)Síndrome de Asperger, Autismo de Alto Funcionamiento y Desórdenes del Espectro Autista,Traducción realizada por: Rogelio Martínez Maciá

Spitz R."El primer año de vida del niño" Ed. Aguilar,1974

Theo Peeters (Bélgica, 1943) es reconocido hoy como uno de los mayores expertos en autismo. Fundó el Center for Training Professionals in Autism (Centro para la formación de profesionales en autismo), situado en la ciudad belga de Antwerp.

Velleda Cecchi, "Los otros creen que no estoy, Autismo y otras psicosis infantiles" ed. Lumen 2005

Velleda Cecchi, Jornada Mensual: "Ps infantiles". Entrevista: Lic. Celia Buchner.-2 juniode 2006

www.ingramcontent.com/pod-product-compliance
Lightning Source LLC
Chambersburg PA
CBHW072041280526
45788CB00006B/2142